Herzlich

Ihr

H.

28.12.22

Am Wege Oins oms andr'

„Am Wege" nennt der Verfasser Essays und Geschichten die im Laufe der Jahrzehnte entstanden sind. Die auf- und z.T. mitgeschrieben wurden. Die Titelseite, ein Aquarell mit dem Titel „Türen", versinnbildlicht Einblicke in erlebtes und erfahrenes, dahinter verborgenes. Diese Geschichten bilden einen wesentlichen Teil früherer Niederschriften wie sie an Geburtstagen, oder Familienfeiern immer wieder erzählt wurden. Und in einer alten Kladde Jahre lang unbesehen blieben. Zum Teil fünfzig Jahre.

HERBERT DEMEL

Am Wege
Oins oms andr'

Essays, Erzählungen, Briefe,
Gedichte, Rezepte

Bibliografische Information der Deutschen Nationalbibliothek:
Die Deutsche Nationalbibliothek verzeichnet diese Publikation
in der Deutschen Nationalbibliografie;
detaillierte bibliografische Daten sind im Internet
über dnb.dnb.de abrufbar.

© 2022 Herbert Demel, Waldenbuch
Satz, Umschlaggestaltung, Herstellung und Verlag:
BoD – Books on Demand, Norderstedt

ISBN: 978-3-7562-6020-1

hic habitat felicitas

trotz vieler Unbillen
aber auch durch Fröhlichkeit und Freude die ein
fünfundsiebzigjähriges Leben
so mit sich bringt mein Dank an meine Stadt

hier wohnt das Glück.

Inhalt

Prolog

Trotzdem zwinge ich mich, optimistisch zu sein. Sonst würde ich gar nichts mehr machen.

Ich glaube dass man in dieser barbarischen Zeit sich selber treu sein muss und Zeuge sein dieser Dekadenz da sein und versuchen, das zu sagen, was man sagen kann in den Grenzen seiner Erziehung und Generation.

Entnommen
Gedanken von Federico Fellini

Danksagung

Es ist ihm ein tief empfundenes Bedürfnis Personen und Institutionen einen herzlichen Dank auszusprechen, die mittelbar oder auch unmittelbar, zum Entstehen dieses Büchleins beigetragen haben.

Der erste Dank geht an seine Mutter *11.3.1922 † 23.7.2013 (en Hoirna als d' Eßlengrs Lies vo dr Felsastroß bekannt). Sie hat buchstäblich unentwegt dafür gesorgt, dass wegen eines oft rüpelhaften Verhaltens in seiner Jugend (und teilweise auch später), folglich verhängte Strafen (ohne Prügel) meist als Strafarbeiten themengebundener Aufsätze zu absolvieren waren. Diese wurden in eine Kladde gelegt, wo sie dann rund fünfzig Jahre dem Vergessen an heim fielen.

Auch seiner lieben, lieben Oma der Eßlingers Marrie, die in jungen Jahren schon taub geworden, aber ein photographisches Gedächtnis hatte und das ganze damalige evangelische Kirchengesangbuch mit allen Versen auswendig aufsagen konnte. Daraus viel gesungen hat. Auch mit ihm.

Seinem Opa, dem Christian. Dessen steter Begleiter er auf seinen Albwanderungen war. Meist quer Feld ein. Und der ihn angenommen hat. Mit all den Eigenheiten, Ausbrüchen und Gedankenstürmen und der bald mit seinem Freund, dem Dr. Jehn anthroposophisch ergründete, das sich als

Grund für manches wohl ein ausgeprägtes „rechts/links" Denken abzeichne.

„Das dem Kerle in seinem Leben noch sehr viel Kümmernisse bereiten söllete"...

Seinem lieben Vater, dem Erich, der mit seinen nimmermüden, aber folgerichtigen Ermahnungen und Beispielen aus dem Leben letztendlich doch einen in der Gesellschaft relativ brauchbaren Menschen mit entwickelt hat. (Und sie beide, weil die halbe Verwandtschaft inzwischen verstorben, mit seinem einzig noch lebenden Bruder Albert, fast alleine dastehen, en Hoirna.)

Seinen Lehrern, die mit nie endender Geduld sich dieses Schulkinds angenommen und gefördert haben. D'r Herr Bezner 1953 ihm in der Bergschule das A,B,C beigebracht. Willi Pfisterer der Freund der Familie (d'r Ma vo d'r Durawirts Trudl), Satzgestaltungen und farblich künstlerische Ambitionen geweckt und gefördert hat. In der Olgaschule d'r Schulmeister Wulz, d'r Vaddr vom Dr. Wolfgang (mund.art) und Herr Markgraf mit seinen redlichen Bemühungen, Mathematik und Brüche in den Riebeleskopf zu brennen. Lebensprägend dann die Westschule, Fritz Schneider der Heimatbuchschreiber in den Dreißigern d.v.Jh. und sein Rektor. Ganz besonders aber Edmund Hohl, der den vierzehnjährigen in den Beruf und ins Leben geschickt hat. Der dem verklemmten Büble mit Lobsang Rampa und dem dritten Auge, Ansichten und das Leben des Dalai Lama mitgegeben hat. Aus Worten Bilder zu sehen. Die später in mancher Theater Inszenierung plastisch erlebt wurden.

Seinen Buben, die in den Jahren den stets schwäbisch schwätzenden Ollen gesehen haben und nun (kopfschüttelnd) bemerken, dass er jetzt auch noch so schreibt. Und zu Lesungen geht.

Natürlich Theophil Knoll, der selbst in bösartigster Diskussion und Widerstreit die Sache abgetan hat und nur noch meinte: „So send se halt, dieGnöpfleswäschr".

Seinem väterlichen Freund Erwin Ruck, für seine jahrzehntelangen gemeinsamen Besuche bei den Stuttgarter Kickers und der ihn zur SPD in Waldenbuch geführt hat.

Dr. Gerhard Raff, für die Gespräche en dr Degerlocher Scheuer und seine Anregungen. Ihre Begegnungen und seine Vorträge, seine Bücher, weil: „hie gut Wirtenberg allerwege". Und weil sie die Familiengräber uff em alda Friedhof en Degerloch neabánándr hend, dort beim Gieaßá ond Ókrautzupfe in manch philosophische Betrachtung verfallá send.

Dr.Wolfgang Wulz, seinem Heidenheimer Landsmann und Freund. Der alsVorsitzender des Vereines mund.art ihm ein späteresVorbild geworden ist. Walter Jens, in dessen Vorlesungen er als Gasthörer vielmals ein ganz neuesWeltbild für sich erfahren hat und bei dem er manchen späteren Bekannten in Tübingen getroffen hat, wie z.B einen damaligen Theologieprofessor Josef Ratzinger, und im Disput mit Hans Küng hatte beiwohnen können. Und das als Evangelischer. In Erinnerung geblieben, seine sanfte Stimme, die in bei allem Diskurs nie laut und aufbrausend war. Zwingend aber in derArgumentation, was auch der Antipode zugegeben hatte.

Dann seiner Gefährtin, die mit großem Verständnis die Wandlung des verschrobenen 68ziger (und Mutlanger Demonstranze), zum klassischen Spießbürger erlebt und mitgetragen hat.

Seinem besten und einzigen Freund, dem Joggi von der Felsenstraße, mit dem er noch heute fest und treu in dieser Freundschaft verbunden ist.

Die Ausgabe hat ihren Sinn erfüllt, wenn Sie verehrte Leserin, verehrter Leser tapfer das Büchlein kaufen und mit einem leisen Lächeln ihr „Freid" drá hend.

Waldenbuch, im Dezember 2021.

Die Vorgeschichte I

Er will ganz bewusst an den Anfang dieses Büchleins eine kleine Fantasie stellen. Diese ist sozusagen die Prosa Fortschreibung des Gedichtbändleins „Hoimet Waldābuāch.

Jeder der nach Waldenbuch kommt, also auf der alten Schweizer Straße, muss zuerst von einem Schönbuchrücken hinunter in die Stadt. Und logischerweise an der anderen Seite wieder hoch, will er nicht nach Nürtingen, oder Böblingen. Und sie werden völlig überrascht sein, wenn er jetzt auch noch behauptet, dass diese wunderschöne Landschaft bei Nacht völlig anders aussieht, als bei Tag. Manchmal auch recht dunkel ...

Viele der Geschichten erzählt „er". Er ist nicht immer ich. Also der Verfasser. „Er" hat sich eingebracht in die Erzählungen. So ist der Prodagnist auf einmal der Erzähler, oder der Leser, oder sein Zuhörer. Machen sie mit. Lassen Sie sich darauf ein. In Ihren Gedanken und in ihrer Fantasie. Und genau so gibt er die Geschichten weiter an Sie.

Und fast immer hat es bei den Erzählungen mit Heimat zu tun. In der „er" sich bewegt. Mancher Vorabkritiker vermisst vielleicht einen spontaneren Realismus. Ein heutig sein. Weil aber oft zehn, gar zwanzig, oder mehr Jahre zwischen den Episoden liegen, sind auch schwarz weiß Bilder darunter. Sind sie typisch für unsere Zeit? Oder gestrig? So wie erinnern spontan die Sekunde ist, vielleicht eben geschehen, oder aber Jahre davor. Entscheiden sie selber.

Die Setterhündin Aischa hat Gewohnheiten. Öfters schon hatte sie ihre kalte Schnauze in seine Handfläche geschoben, die er noch tief schlafend aus dem Bett hängen lies. Ein leises Wimmern und er ist ganz wach. „Ja, ja, ich komme ja". Der Blick auf den Radiowecker zeigt ihm, dass es gerade vier Uhr in der Früh ist und stockdunkel. Er hört das leise Atmen der Gefährtin und das lässt ihn noch vorsichtiger aufstehen. In der Diele liegt ein Jogging Anzug auf einem Stuhl. Und die Jogging Schuhe darunter. Er zieht es an und leise klappt die Türe hinter ihm zu. An der Halsung des Hundes hängen Hundemarke und ein Glücksbringer, die jetzt fast überlaut auf der stillen Treppe nach unten klappern. Er verlässt das Haus und der kurze Weg zum Ritter-Sport-Stadion und zum Feldweg Richtung Steinenbronn bewältigt er schnellen Schrittes. Der Hund trabt fröhlich nebenher und goutiert die Frühtour ab und zu mit einem leisen Grunzen. Was so ihre Art ist. Er überlegt, ob das Setter typisch sei. Lässt den Gedanken aber fallen. Vor den Feldern am Stadionzaun erledigt sie ihr kleines Geschäft und sie traben dann auf dem leicht ansteigenden Weg der ersten Kuppe am Waagrein zu. Wo der Weg nach unten und zur alten B 27 abzweigt, bleibt er stehen und japst. Also er und nicht der Hund. Sein Blick geht über die Lichter der noch schlafenden Stadt. Stadtkirche und Schloss zeichnen sich schemenhaft nach Süden vor den Schönbuchhöhen. Und da macht er eine Entdeckung, bislang nie gesehen:

starlight express

audoliachdr
liachdrbah
nach em deddaheisr amblschdob
losglassā
am deiflsbruch vrbei
waldvrlassād
blizza zwischā de beim
liachdr hentrānāndr
ois nach am andrā
zeha odr zwanzg
bogāziehend aus em wald naus
en d'r schloif
am grohnahof na
bis se beim neff
neidauched ens schdädle
donkl hendrlassād
da roina nuff

ond schbädr d' rickliachdr
nach
schdoinabronn naufziagad
ond nau au's rauscha
heerschd

Die Vorgeschichte II

Es war eigentlich eine anfänglich wenig beachtete Begegnung mit einem Menschen bei einer Vernissage. Später bei Gesprächen und Erzählungen, in Diskussionen und durch Hinweise auf eine regionale Literatur und Veranstaltungen. Auf Lesungen focussiert, seine Betrachtungsweisen die letztlich für den Verfasser beeindruckend wurden.

Theophil Knoll, der Bekannte, ist 69 Jahre alt und seit er aus diesem Grund ein Pensionär ist und weil er fast zwanghaft eine Tätigkeit gesucht und letztlich gefunden hat, sei er ein selbsternannter Aufschreiber. Er wohnt in der Nähe von ihm am Rande des Schönbuchs. Seine bisherigen literarischen Anflüge waren nun in der Tat nicht etwa weltbewegend. Seit seiner frühesten Schulzeit hatte man ihn angehalten alle besonderen Ereignisse, oder selbst erlebtes, oder bemerkenswertes genauestens zu dokumentieren. In Schulhefte, Kladden. Oder in losen Blattsammlungen nieder zu schreiben. Diese Exzerpte quasi wie Schulaufsätze zu formulieren. Dabei war er kein, wie man heute sagen würde Legastheniker. Obwohl, seine Fehlerquote erfuhr durchaus der Korrektur und folglich der nachgeübten Verbesserung. Diese frühen Werke legte er in Kladden, die im Werkunterricht sorgfältig hergestellt worden waren. Dickere Kartonagen sind mit dünneren Papieren DIN A1 umleimt. Die sie mit so genannten Leimfarben bestrichen und mit Ornamenten verziert hatten. In kleinere Kartonstücklein wurden mit der Schere unregelmäßige Ausschnitte geschnitten. Um dann eben nach dem bestreichen der Leimfarben allerlei Ornamente darauf zu ziehen, oder Kringel zu drehen. Nach dem Trocknen auf einer Leine im Werkraum in den verschiedenen Farben, wurden diese auch als Hüllen zum einbinden der Schulbücher verwandt und auf der vorderen Seite mit einem vierfach umrahmten Klebeschild versehen auf dem nun stand, Rechnen Klasse 7b.

Dann hatte man in die Buchdeckel wie bei einer Lochung mit der Schere Einschnitte gemacht, mit farblich angepassten Bändern durchzogen, so dass sie mit einer Masche gebunden und zusammengezogen werden konnten. Diese Technik ermöglichte auch die Aufnahme größerer Sammlungen von Papieren.

In eine solche Kladde also wanderten all die geschriebenen Werke mit samt den, wie gesagt, notwendigen Verbesserungen. Dies alles wurde mit großer Sorgfalt fortgeführt, auch in späteren Jahren, den Jahren seiner Lehrzeit. Wobei er sachlich feststellte dass die späteren Werke keine größeren Verbesserungen mehr enthielten. Es kamen auch Reime hinzu, in denen tiefster Seelenschmerz der ersten und spätere unerfüllte Lieben zum Ausdruck kamen. Weltschmerzattitüden der 68zer und Gedanken zur Welterettung. Diese würden heute sicherlich größte öffentliche Anerkennung erfahren. Episoden wie die Sitzblockaden wider die Pershings in Mutlangen, wo er drei Reihen hinter Walter und Inge Jens saß. Wie er an seinem Munde hing, dem großen Tübinger lauschend und alles in sich aufsaugend. Seine Besuche dort, Reden und Vorträge hörend, die sein Weltbild nachhaltig nun bestimmten. Aber, und wie er selbstkritisch feststellte, seine Werke von einem Denis Scheck sicherlich süffisant und sarkastisch in die Tonne gefleigert würden.

Diese Mappen es waren wohl vier oder fünf an der Zahl, ruheten im Elternhause in seinem alten Schreibtisch dreißig, vierzig Jahre. Neueres wurde achtlos darauf gelegt und nicht mehr hinein. Was eine große Unübersichtlichkeit oder Unordnung, oder Sauhaufen genannt werden konnte. Seit seinem zwanzigsten Lebensjahr war er, was ein außenstehender Betrachter bemerken würde, eigentlich korpulent. Dick wäre übertrieben. Er fühlte sich recht wohl. Und den Genüssen des Lebens nicht abhold.

Theophil Knoll war im Laufe der Jahre immer wieder hervorgetreten Geburtstagen, Beerdigungen, Kindstaufen, Konfirmationen und dergleichen mehr Familienangelegenheiten, in Wort und Schrift Beiträge zu diesen Anlässen zu verfassen. Gefragt und auch ungefragt. Bei seinen Freunden hatte er den Spitznamen „Fäustle", seit er einmal während einer Party mit einer halben Flasche Jim

Beam im Ranzen, den halben Faust deklamiert hatte. Ohne sich unterbrechen zu lassen.

Rülps.

Seine Trauerrede zum Tode Che Guevaras war legendär, wie viele damals Gleichgesinnte meinten, und konnte nur mit Mühe und Not gerade noch rechtzeitig von seinem Großvater vor der Veröffentlichung in der örtlichen Presse verhindert werden. Was ihn mindestens zweieinhalb Tage tief bekümmerte. Aber in einer CDU Familie täte man so etwas nicht- man denke so etwas nicht einmal!

Dann ein literarischer Wendepunkt, weg von Sturm und Drang und den Klassikern. Von Böll und Grass.

In den StN las er Jahrzehnte später eine Glosse anlässlich des 70zigsten Geburtstags von Margarete Hannsmann. Der bekannten Stuttgarter Lyrikerin und zeitweise Gefährtin von HAP Grieshaber, dem Reutlinger Holzschneider. (Pfauenschrei) In der Buchhandlung Wittwer auf dem Schlossplatz in Stuttgart besorgte er sich alles aus den Regalen.

Sie sei eine Jugendfreundin seiner Mutter, erfuhr er. Mit dem „Rabenflug" setzte er sich auf eine Parkbank vor dem Königsbau- und vergaß sogleich die Gefährtin in der Markthalle und im Kaufhaus Breuninger. Und damals gab es noch keine Handys.

In späteren Jahren der Romancier Hanns Josef Ortheil. Und sein Werk. Die stummen Jugendjahre, seine Entwicklung vom Pianisten zum Schriftsteller, die ihn nachhaltig beeindruckten und er sog

TV Beiträge, oder später Internet Publikationen buchstäblich in sich auf. Oder Lesungen.

Es wurde seine Angewohnheit, immer wenn er alleine war Lyrik, Essays, oder phasenweise Romanteile laut zu lesen. Vielfach zu wiederholen. Weil er auch manches einfach nicht begriffen hatte. Um sich so Sinn und Inhalt zu erarbeiten. Von Sport hält er nicht viel. Wenn man von den rund vierzigjährigen regelmäßigen Besuchen bei den Stuttgarter Kickers auf der Waldau einmal absieht. Sein Idealgewicht pendelt so schon auch mal Richtung Einhundertzehn Kilo. Er fühlt sich aber trotzdem wohl und seine langen, oft tagelangen Spaziergänge, auch mit dem Hund werden nicht eingeschränkt. Ist wenig Krank und hält sich für fit und gesund, was er so als gesund nennt.

Mit etwa vierzig Jahren wendet er sich hauptsächlich der Lyrik zu. Besucht Lesungen im Literaturhaus in Stuttgart, oder auch an anderen Orten. Dann beginnt er unvermutet alle möglichen Episoden in seinem Umfeld schriftlich festzuhalten . Ebenso Geschichten oder Ereignisse, die ihm von Freunden, oder Bekannten zugetragen werden. Richtet sich eine Mappe, und pappt einen Papper mit dem Hinweis „sellenes" darauf.

Der Verfasser nun seinerseits angeregt, hätte sich in den Anfangsjahren in seinem Wohnort nie darauf eingelassen, die Gegend, oder das Landstädtlein literarisch oder erzählerisch zu bearbeiten. Es ist durchaus zu bemerken, dass man sich an alten, eingesessenen Menschen orientiert. Dass man buchstäblich darauf wartet, dass ebendiese all die alten Geschichten und lustigen Episoden zu Papier bringen. Oder traurige. Aber doch nicht die Zugezogenen sollten es sein das auszuführen. So wie ein Zugezogener Bilderfolgen vom alten Waldenbuch aufbereitet und digitalisiert hat. Und sogar einen Bildband herausgebracht hat. Nach mancher Recherche.

Zukunft braucht Herkunft oder Bewegung ist Leben

Waldenbucher Künstler oder solche, die das Stadtbild festgehalten haben.

Kleine Betrachtungen, die aber keinesfalls den Anspruch auf Vollständigkeit erheben.

Er hatte sich in vielen Gesprächen mit Theophil Knoll mit den früher hier ansässigen Schriftstellern, Bildhauern und Künstlern der Stadt beschäftigt. Und sich aus der Stadtbibliothek allerlei Werke beschafft und gelesen. Oder auch mit denen, die Waldenbuch in verschiedensten Facetten abgebildet haben. Auf Leinwand in Öl, Aquarelle, oder aber ganz wunderbare Holzschnitte verfertigten. Diese in einzelnen Drucken herausbrachten, oder aber mit ganzen Serien in Büchern.

Den nach ihrer Meinung wichtigsten und bedeutendsten Johann Heinrich von Dannecker (*16. Oktober 1758 in Stuttgart † 8. Dezember 1841, Stuttgart), dem Bildhauer und seinem Werk.

Nachdem er sich mit wachsendem Interesse eingelesen hatte, machte er sich schnurstracks auf den Weg und besuchte voller Freude und Interesse die Staatgalerie und Staatsbibliothek in Stuttgart. Suchte und fand Hinweise auf Skulpturen und

Zeichnungen und die Schillerbüste, die aus irgendeinem Anlass gezeigt wurde. Oder verharrte draußen auf dem Schillerplatz zu Stuttgart vor dem Denkmal. Besah die allegorische Skulpturengruppe der Jahreszeiten im Schloss Hohenheim. Die Kollosal Statuen der vier Evangelisten in der Grabkapelle auf dem Rotenberg . Suchte lange und fand das Grabmal auf dem Hoppenlau Friedhof , mit dem verwitterten Grabstein. In einem erbärmlichen Zustand. So wie auch das Haus der Großeltern in Waldenbuch in der heutigen Zeit. Das in der Häuserzeile nur einen unauffälligen Teil darstellt. Dem die Stadtführer Waldenbuchs gerade noch eloquenter weise ein paar positive Worte widmen.

Seine künstlerische Ausbildung erhielt Dannecker in der Hohen Karlsschule von den Bildhauern Johann Valentin Sonnenschein, Pierre François Lejeune. Nach Abschluss der Akademieausbildung wurde er und Philipp Jakob Scheffauer vom Herzog Carl Eugen (*1737 †1793) zu Hofbildhauern mit lebenslanger Dienstverpflichtung ernannt. Es folgten Studienjahre in Rom und er kehrte 1790 nach Stuttgart zurück. Erste Anerkennungen erfolgte nach Fertigstellung der allegorischen Skulpturengruppe mit den Ehrenmitgliedschaften der Akademien in Bologna und Mantua. Durch Heirat mit der Kaufmannstochter Heinrike Rapp war er zunächst materieller Sorgen enthoben. 1808 entstand sein Haus am Schlossplatz mit Wohnung, Atelier und Kunstschule und so wurde die „Danneckerei" bald zu einem kulturellen Mittelpunkt in Stuttgart. Er schuf zahlreiche Bildnisse und Terracotta Arbeiten. Der Chronist bemerkt dass um 1835 seine geistige Umnachtung begann. Nennt man das heute wohl Demenz, oder früher fortschreitende Schwermut?

Seine Hauptwerke waren die Schillerbüsten 1793 und 1805, das Selbstbildnis 1797 und Ariadne auf dem Panther. 1808 erhielt Dannecker das Ritterkreuz des Zivilverdienst-Ordens, mit dem der persönliche Adel verliehen war.

Dannecker verstarb umnachtet am 8. Dezember 1841 und wurde auf dem Hoppenlau Friedhof unter Anteilnahme beigesetzt.

In einem Artikel der Filderzeitung vom 30. Oktober 2008 war zu lesen: Aus Angaben in der Personalakte der Hohen Karlsschule und im Taufbuch der Stuttgarter Stiftskirche lässt sich schließen, dass Dannecker nicht wie bisher oft angenommen am 15. Oktober 1758 in Waldenbuch, sondern einen Tag darauf in Stuttgart zur Welt kam).

Völlig kontrovers waren sie und in heftigster Diskussion, wenn es um den Schriftsteller Hans Heinrich Ehrler (*7. Juli 1872 in Bad Mergentheim † 14. Juni 1951 in Waldenbuch) ging.

Und natürlich geriet er bei diesen Studien sofort in einen aus heutiger Sicht absehbaren Zwiespalt. Bis er sich aber klarmachte, dass die Sicht und keineswegs die Akzeptanz der Texte aus dem Kontext der Zeitabläufe zu betrachten waren. Nicht quasi verklärend in die heutige Zeit zu übertragen sind. Wie die anfängliche Nähe des Dichters zu den Nationalsozialisten. Wahrscheinlich ist aus diesen Gründen auch das Gesamtwerk in der örtlichen Bibliothek nicht vorhanden.

Abstammend kommt Ehrler aus einer alten württembergisch-fränkischen Handwerkerfamilie. Sein Vater ein begnadeter Wachszieher und Lebzelter in Wien war mit Johann Strauss befreundet. Theophil Knoll befasste sich mit dem Lebenslauf von Ehrler und letztlich seinem Umzug nach Waldenbuch im Jahre 1926. Wo er 1951 mehr oder weniger beachtet verstarb..

Sie recherchierten anfängliche Tätigkeiten als Zeitungsredakteur. Köln, Stuttgart, Heilbronn und Karlsruhe. Und er war in Friedrichshafen Mitarbeiter der Frankfurter Zeitung.

1911 erschien sein erster Erzählband *Briefe vom Land*, ehe er nach Freiburg im Breisgau und später nach Littensweiler umzog.

Wichtig wurde dem Verfasser im Kontext der Hinweis in *Wikipedia Literatur* von und über Heinrich Ehrler" der Bezug zum Katalog der Deutschen Nationalbibliothek. Und befassten sich mit dem umfangreichen Gesamtwerk, das dort gelistet ist. Hinweise auch, dass seine Gedichte z.T. damals sogar für Deutsche Männerchöre vertont wurden. Der nationale Ton sei zeitgeschuldet. Er sieht aber anfänglich dafür kein Verständnis oder Toleranz für den Dichter. Und vermutlich, dass deshalb auch bis heute auch keine verlautbarte Akzeptanz in der Stadt zu Tage tritt. Also nur eine untergeordnete historische Bedeutung?

Bis dann, es ist fast segensreich zu nennen, eine Publikation eines Bekannten, fast ist zu sagen eines Freundes, von Pfarrer Siegfried Schulz vom damaligen Bürgermeister Horst Störrle gefördert, der Ihnen Ehrler in einem ganz anderen Licht erscheinen lässt!

Was aber sagen die Hinweise heute und Beschreibungen von Schulz über die Jahre von 1933 bis 1945 der nachgeborenen Generation? Dem Verfasser wenigstens- und Knoll- ist so gut wie nichts darüber bekannt. Das folgende Gedicht, das er eigentlich mehr durch Zufall in einem alten Heidenheimer Heimatbuch als Vorwort über Sagen und Märchen der Ostalb entdeckte, war erschien in diesem Kontext nun in einem ganz anderen Lichte:

Heimat

o Heimat, wir sind alle dein,
so weit und fremd wir gehen.
Du hast uns schon im Kinderschlaf
ins Blut hineingesehen.

Kein Weg ist, den wir heimlich
nicht nach einem Heimweg fragen.
Wer ganz verlaufen wird im Traum
zu dir zurückgetragen.

Hans Heinrich Ehrler

Und natürlich die Waldenbucher Geschichten, nachzulesen im Heftlein „Einblicke" und die Lebensdetails des Schriftstellers von eben Siegfried Schulz! Dessen akribische Detailkenntnisse seinen Respekt abnötigen.

Und er ist ihm unendlich dankbar für seine akribischen Recherchen, bis hin zu den Mergentheimer Besuchen und seiner Grablege. Diese Recherchen haben seine Einstellung zu diesem wichtigen Literaten somit grundlegend verändert, positiv.

Weit erfreulicher und mit vielen Bonmots versehen verliefen ihre Gespräche über den Maler und Bildhauer Willi Hahn, geboren *30.03.1928 in Neuhaus, Kreis Rathenow, †09.12.2005.

Trotz persönlicher Bekanntschaft beider merkten sie jedoch bald, dass eine reale Aufarbeitung des zweifellos in manchen Kreisen anerkannten Künstlers durchaus kontroverse Seiten hatte ... Die Enthüllung des Steines „Leben" auf dem Kalkofen beim Kalkofenkindergarten, war so eine Episode. Eine traurige, für alle Beteiligten. Der Freund und Weggefährte des Künstlers, Erwin Hosch, der

Würdigung und den Einweihungstext verlesen sollte, erlebte in ihrem Beisein den Festakt selber nur kurz und die folgende notärztliche Behandlung. Die kein glückliches Ende für ihn nahm. Umgeben von Bekannten, Freunden vor allem Neugierigen. Die aus dem Anlass auf den Kalkofen gekommen waren, die Enthüllung eines Steines Leben beizuwohnen. Er verstarb im Notarztwagen, neben dem Stein.

Bemerkenswert dann später der Kommentar zu dem Kunstgebilde durch *Barbara Lipps-Kant. Nachzulesen im Internetportal der Stadt Waldenbuch: Willi Hahn, Sandsteinskulptur Leben, die er Ende 1987 vollendet hat und die heute in der Anlage der Oskar-Schwenk-Schule steht.

Der seit 1955 in Waldenbuch lebende und schaffende war vielen schon wegen seines verwegenen künstlerisch-bohemian-mässigen Aussehens eine auffallende Persönlichkeit im Stadtbild. Und Anlass zu manchem sarkastischen Kommentar. Vor allem wenn ihn manche Mitbürger mit dem Handwägelchen und der obligaten Bierkiste vom „Top Kauf" kommend sahen.

Die Runde machten Episoden von Besuchen in seinem Atelier. Die laut Presse meist in allerhand sexistischen Geschichten endeten. So wird kolportiert. Sie lassen für den Verfasser letztlich aber kein schlüssiges Bild zu. Erzählungen, von Besuchen einzelner Waldenbucher Bürger in seinem Atelier, sind belegt und sie haben z.T. bemerkenswerte

Bilder erworben. Die aber mit ihrem glaubhaften Statement keinesfalls den allgemeinen Gerüchten eine weitere Nahrung gaben. Auch waren das nie die so fälschlicherweise unterstellten Gelage.

Und der Künstler Hahn war sich dem Wert seiner Arbeiten durchaus bewusst. Und man sprach auch durchaus von erheblichen Summen der Bilder.

Und es muss geradezu darauf hingewiesen werden, wie schwer die anfänglichen Waldenbucher Jahre für Hahn und seine Familie waren. In einer Zeit, da der Künstler um Frau und drei Kinder durchzubringen, bei der Baufirma Hoy als Bauarbeiter tätig war und tatkräftig beim Bau der Oskar- Schwenkschule mitgeholfen hat. Tüchtig Mörtel geschleppt hat, sich sogar im Kaufhaus Hertie als Lagerarbeiter verdingen musste. Weil die wirtschaftliche Not so groß gewesen war. Und er dies ohne Murren gemacht hatte. Um sich und seine Familie durchzubringen.

Und da waren dann die Waldenbucher Kunstfreunde zur Stelle, die mit Ausstellungen und Unterstützung von Verkäufen einzelner Objekte dem Künstler beistanden. Auch durch Verbindungen dafür sorgten, dass z.B. die Staatsbibliothek in Stuttgart rund fünfzig Radierungen erwarb, die sich bis heute in ihrem Besitz befinden und ab und zu ausgestellt werden.

Ganz zweifellos sind aber viele der sich in Privatbesitz befindlichen Zeichnungen, Guaschen, oder

Ölbilder, von einem so hohen künstlerischen Wert, die sich mit Arbeiten eines Erich Heckel durchaus messen lassen . So auch die bemerkenswerten Ansichten von der Alfred Ritter Straße udgl.

Ganz köstlich ist seine Geburtstagsfeier anlässlich seines 50. Geburtstages zu erwähnen. Man feierte im rappelvollen Lindensaal. Sie stellten auf jeden Tisch eine große Schüssel Sauerkraut. Blut und Leberwurst. Dann erhob sich der Jubilar und alle waren auf eine bilderhafte und gespickte Rede gefasst: er begrüßte seine Gäste lächelnd und sagte: „einen guten Appetit". Dann setzte er sich wieder hin. Darauf hin erhob sich sein Sohn und verkündete in seinem Berliner Dialekt: „Papa, det haste jut gemacht". Und setzte sich auch gleich wieder hin. Weiter kam nichts. Was die Anwesenden mit einem herzlichen Lacher goutierten.

Reduziert man dieses Mannes Leben und Arbeiten auf eine Pressesequenz:

„Der Künstler wird siebzig" – so würde: Zitat: „sein Altersschaffen eine Folge von Phantasie, Trauma, Erotik und Gewalt prägen".

Sein ganzes Sinnen und Trachten seien Frauen. Nichts als Frauen. Diese ausschließlich beschäftigen Willi Hahn in seiner künstlerischen Arbeit. Zeichnungen, Ölbilder, Steinmonumente, mit denen er seine Fantasien auf einen Nenner bringen will. Und wie schreibt die Presse: „Er erforsche nicht Charakter, Zeitbild oder Stimmungen der Frau. Nur die Linien hätten ihn interessiert".

Und Theophil Knoll mit einem süffisanten Lächeln: „ist er da so alleine auf der Welt"?... „und somit sei der Stein „eine Synthese von Mensch und Natur"!, wie...Frau Barbara Lipps-Kant so originell befindet.

Er war dann zwangsläufig mit seinem Gesprächspartner Theophil Knoll in eine ernsthafte Diskussionen geraten. In einen Zwiespalt. Solche Leute in seiner Stadt. So recht ein Gegenteil zu allen spießbürgerlichen Elementen, unbeirrbar. Die er doch auch (ab und an) so sehr an sich selber bekrittelte.

Und im Jahresbericht 2013 der Kunstfreunde Waldenbuch/Steinenbronn (oder umgekehrt) heißt es dann so treffend: „Die Kunstfreunde bewahren mit einer Stele nach Willi Hahn (Skulptur „Leben" am Eingang der Oskar- Schwenk-Schule) sein Angedenken– einem weiteren vorübergehend in Waldenbuch beheimateten Künstler so ein bleibendes Andenken.

Walter Romberg
der schwäbische Merian

*16. Juli 1898 Ulm † 28. August 1973 in Stuttgart

Anlässlich des vierzigsten Todestages von Walter Romberg stifteten die Kunstfreunde Waldenbuch/ Steinenbronn an der Ecke Bahnhofstraße/Vordere Seestraße eine Erinnerungs-Stele.

Seine Waldenbuch Radierungen haben eine so beeindruckend schöne Wirkung. Sie zeigen in eine Zeit im Vergangenen, von denen wir Neunmalgescheiten beim Viertele sagen, es sei die gute alte Zeit. Und verspüren eine gewisse Wehmut dabei. Weil in heutiger Zeit fast schon manisch der Drang zur Urbanisierung und Umkrempelung sichtbares Zeichen der Schokoladenstadt ist. Und darüber hinaus. Wo sind die Bewahrer?

Nur noch Vergangenes mit den erwähnten Künstlern mit Öl, Aquarellen oder Stichen?

Der Verfasser will nun bei diesem Künstler durch seine Recherchen ganz bewusst eine Ausnahme machen und sich mit fremden Federn schmücken. Wie er meint ist es keinem anderen gelungen, so treffend Leben und Werk von Walter Romberg zu beschreiben, als Dr. Gerhard Raff. em' Degerlocher.

(*genehmigter Auszug, e-mail 01.03.2016.)
Stuttgarter Zeitung vom 16. Juli 1998
Raffs Raritäten CXXIII

„Schwäbischer Merian"

Heut vor hondert Jahr, am 16.Juli 1898, isch en Ulm „eine der profiliertesten schwäbischen Künstlerpersönlichkeiten, der Grafiker, Maler und Zeichner Walter Romberg" uff d'Welt komme.

„Seine unzähligen Radierungen sind heute landauf, landab in Schulen, Gasthäusern, Amtsräumen und Bürgerhäusern zu finden, hängen in vielen Galerien und Archiven und haben Romberg den ehrenden Beinamen ‚Schwäbischer Merian' eingebracht."

Fast jeder kennt seine Bilder, fast kaum ebber woiß, wer der Ma gwä isch, ond wer über ihn schreibe will, fendet kaum ebbes. Grad amol drei Zeile em Künstlerlexikon, en dr Zeidong fuffzehn Zeile zom 50. Geburtstag, fönfazwanzig Zeile zom 75. Geburtstag, ond sechs Woche später bei seim Tod nomol fuffzehn Zeile.

Wär da net der Uffsatz vom Fritz Heimberger: Walter Romberg, der „schwäbische Merian" en dem Böblenger Heimatblättle „Aus Schönbuch und Gäu" (erschiene drei Tag vor seim Tod), dätet mr ganz schee domm dastande.

Also nomol: Geburtsort Ulm. „Herkunft und Landschaft haben aus ihm einen echten Schwaben gemacht: verhalten, ernst, bedächtig, nach innen gekehrt, kein Freund der vielen und lauten Worte, die Stille aber liebend und suchend."

Uffgwachse isch'r em Fränkische, en Bad Mergentheim. Anno 1916 mit 18 Jahr därf 'r uff dui Münchner Kunstakademie ond lernt bei dem Professer Angelo Jank (1868-1940) Ölbilder male. Mueß aber au no a Weile zu de Soldate, bis dr Hindenburg kapituliert

34

ond dr Kaiser abhaut, ond studiert drnach voll fertig. Ond lebt seit 1921 als „freischaffender Künstler" en Stuegert. Des isch heut koi Honigschlecke, wieviel weniger en dene schlechte Zeite nach dem Erste Krieg. Hat'r vielleicht en reiche Vatter ghet?

Wer kauft denn en dene magere Zeite scho Ölbilder, von dene Schinke ka mr doch net rafresse, ond überhaupt: „Was brauchet mir Konscht? Mir brauchet Grombiere!"

„Romberg fand erst verhältnismäßig spät seinen eigenen Weg als Landschaftsmaler und Radierer". Ond des hat'm no sein Kollege ond eigentlicher Lehrer Felix Hollenberg (*1868 en Sterkrade/Ruhr, seit 1896 en Stuegert, †1945 en Gomadenge) beibracht.

„In der Kunst der Radierung entwickelte Romberg eine Virtuosität, die ihn weithin bekannt und berühmt machte." En Haufe Schultes aus'm Ländle, ja sogar aus „dem fränkischen und bayrischen Gebiet" hend'n hergholt, daß'r ihre Flecke malt, ond send jedesmol zfriede gwä ond hend'n an ihre Kollege weiterempfohle. Denn „seine meisterlichen Arbeiten zeichnen sich durch ein hohes Maß an Naturtreue aus." „Aber sie sind nie pedantisch gehalten, sondern im Ausschnitt und in der Ausführung stets mit den Augen des Künstlers gesehen und gestaltet."

Ond überall därf 'r ausstelle, em Wirtebergische

Kunstverei, en ganz Deutschland ond en dr Schweiz, ond „seine Blätter erfreuen durch männlichen Strich und durch ihre schönen samtenen Schwärzen."

„Mit untrüglichem Sinn für die Schönheiten der Heimat radierte er dann fast ganz Württemberg: Landschaften, Städte, Dörfer, Rathäuser, Marktplätze, romantische Winkel, Schlösser und Kirchen, Fachwerkbauten und Burgen – ein ungewöhnlich reiches Schaffen und ein Fleiß ohnegleichen."

Älles wär so schee gwä, aber no isch anno 33 sein om elf Jahr älterer Kollege ond Kriegskamerad, der böhmische Gefreite aus Braunau nakomme (hättet se den doch bloß au uff dui Münchner Kunstakademie glasse!!!). Ond der hat ausradiert. Ond der Walter Romberg isch „mehrmals ausgebombt" worde, ond em Juli 1944 isch sei Atelier samt Stuegert „völlig vernichtet" worde.

Em Herzog Christoph seim Waldebuecher Schloß hat'r no onterschlupfe ond überlebe därfe mit seiner Else, geborene Ulmer. Ond anno 51 hat'n der Schultes Arnulf Klett uff Stuegert zrückgholt, ond em Sonneberg en dr Edenhallstraß 16 hat'r weiterschaffe därfe „als Chronist des Wiederaufbaus". Hat no au des Zeugs gmalt, was die Stadtverschandler seinerzeit so schnell napfuscht hend.

Ond wenn mr beispielsweis die drei Romberg-Bilder

vom Stuegerter Marktplatz nebrenander sieht („Vor dem Krieg, während der Zerstörung, nach dem Wiederaufbau"), fragt mr sich, warum mr den „Herr Generalbaudirektor" ond Chef der „Zentrale für den Aufbau der Stadt Stuttgart" (ZAS = Zerstörer Alter Stadtbilder) net sofort en en Stoibruch strafversetzt hat.

„So leistete Romberg mit seinen Darstellungen von Stuttgarter Motiven einen beachtlichen Beitrag zur Stuttgarter Stadtgeschichte." Denn seine „Radierungen sind auch historische Dokumente, ebenso wertvoll und aussagekräftig wie unsere alten Urkunden und Chroniken."

Anno 1973, am 28.August isch'r „an den Folgen einer Operation gestorben" ond am 3.September uffm Waldfriedhof vergrabe worde. „Wir danken ihm für das, was er uns geschenkt hat, und was uns bleibender Besitz ist."

Aber nicht nur Stuttgart soll hier behandelt sein. Ein Blatt mit einer Sicht auf Waldenbuch soll das gesagte für ihre Heimatstadt untermauern.

ond erlaubet se em Vrfassr ergänzend zom sagá:
bevor mir bloß no „momento mori" denket- soddet mr eher ons an „carpe diem" haldá.
ond ons drondrnei, au bei dem hektischa Läbá
mit onsere Kinschdlr beschäftiga. Onds Fernseh
aus lassa. Odr a Buch läsa. Iebr se.

Ihre Motivation sich in eine bis dahin für sie völlig unbekannten Künstlerwelt Waldenbuchs zu stürzen, entstand ganz profan durch die Entdeckung des Internet Links http://www.alt-waldenbuch.de/kunst.

So erfuhren sie auch von Joachim Lutz (*12. Januar 1906 in Höchst am Main † 17. Februar 1954 in Heidelberg) und folgerichtig ihre Meinung, ein ebenso wichtiger Namen für ihre Stadt. In dem 1926 erschienen Buch „Waldenbuch auf den Fildern" finden sich 12 wunderschöne Holzschnitte mit Texten von Martin Lang. Lutz war Maler und Journalist. Seine bevorzugten bildnerischen Techniken waren Bleistift- Feder und Aquarellzeichnungen. Ganz besonders aber Holzschnitte mit denen er die ganze Landschaften der Rhein-Necker Region und bis zum Bodensee festgehalten hat.

*Teilauszug: Wikipedia:
Wie so oft in ähnlichen Biographien widmete sich Joachim Lutz entgegen dem Willen seines Vaters, aber mit Billigung der Mutter, lieber der Kunst. Der Vater Bauingenieur und sogar Bähnlesbauer und Ratschreiber in Freudenheim, hätte ihn eher gern als Nachfolger gesehen.

1925/26 besuchte Lutz die damalige Württembergische Staatliche Kunstgewerbeschule in Stuttgart. Freundschaft zu Alexander Bernius, dem Besitzer von Stift Neuburg bewogen ihn 1928 seiner Einladung zu folgen und an dessen zweijähriger Forschungsreise nach Südafrika teilzunehmen. Er hielt dabei Fels- und Höhlenbilder wissenschaftlich fundiert für dessen Unterlagen fest. Auch rund zweihundertfünfzig Zeichnungen und Aquarelle, die heute im Institut Stift Neuburg digitalisiert zu sehen sind.

Die weiteren Entwicklungen seines Schaffens

hielten sie dann allerdings in Bezug auf Waldenbuch für weniger bedeutsam. Aber sehr wohl erwähnenswert 1947 die Gründung der „freien Gruppe" mit dem Maler Willi Gohl. Zu ihr gehörten die Dichter Ernst Gläser, Rudolf Hagelstange, der Komponist Wolfgang Fichtner, der Geiger Bernhard Klein, die Mundartdichterin Ilse Rohnacker. Der Anschluss der Gruppe Alexanders von Bernius, mit den Schriftstellern Ernst Jünger, und Martin Lang, waren auch Wilhelm Lotz, Alfred Paquet, Jürgen Rausch und Friedrich Schnack mit im Boot.

Sie belebten in der Zeit nachhaltig das kulturelle Leben Heidelbergs mit Ausstellungen, Dichterlesungen und Musikabenden.

Auch Thedodor Heuss, der von Lutz portraitierte, stand jahrelang mit Lutz in brieflichem Kontakt.

Am 17. Februar 1954 verstarb Lutz an den Folgen einer Krebserkrankung. Warum nun eine Erarbeitung in dieser Ausführlichkeit? „Es soll zeigen, dass die Momentaufnahme Waldenbuch, die Holzschnitte damals mit den Motiven, als Auftragsarbeit entstanden sind. Und die manche Zeit am Ort, an Staffelei oder Block, sicherlich auch Besuche, oder ein Treffen mit den genannten, wahrscheinlich macht". So war Waldenbuch zu all den Zeiten bereist von allerhand Größen. Von Stuttgart kommend auf der alten Schweizer Straße nach Tübingen. Oder umgekehrt.

Peter Abele
*1942 in Geislingen an der Steige.

An einem regnerischen Novembertag saßen Theophil Knoll und der Verfasser wieder ein mal vor dem Bildschirm. Als er einer Eingebung folgend sagte: „Jetzt pass auf" und auf die Homepage des genannten klickte. Sie erfuhren: sein Waldenbucher Mitbürger, inspiriert durch van Gogh und Kandinskys Murnauer Phase schuf großformatige und farbenfrohe Werke. Als Basis dienten Hauswandfarben auf Karton. Ein farblicher Bezug auf tropische Fauna und Flora, die den Künstler auf seinen mannigfaltigen Reisen inspiriert hatten. Ergänzende Themen, auch Paradiesvögel und seine Bewunderung für den englischen Maler Michael Adams, der auf einer Seychellen Insel arbeitet und lebt, beeinflussten sein Werk.

Voller Freude über diese Entdeckung holt er eine Flasche Remstäler Trollinger aus dem Keller und schenkt ein, den Henkel links. Und sie schauten sich die Bilder an. Vergrößerten die Details. Es war in ihnen eine echte, große Begeisterung.

Und dann erzählt er Knoll von seiner Bewunderung für Gabriele Münther und seinem Heidenheimer Landsmann, dem Galeristen Gunzenhauser aus München. Der die damals unbeachtete ausgestellt und den Nachlass an Bildern erworben und verkauft hatte. „Jahrzehntelang unbeachtet", weil sie als Frau zu sehr im Schatten Kandinskys und der anderen blauen Reitern gestanden hatte. Aber Gunzenhauser hatte ihren Wert erkannt. Damals, als Öl auch noch für „kleinere" Kapitalanleger interessant und sammelnswert und für eine bestimmte Klientel bezahlbar waren.

Theophil Knoll meinte dann abschließend (nach der zweiten Flasche Remstäler) er würde sich absolut geil freuen, wenn es außer dem Waldenbucher Rathaus für Vernissagen geeignetere Räume gäbe und gerade auch ein Abele einen für ihn angestammten und wichtigen Podiumsplatz erhielte. Nicht nur wie gezeigt, das Cannstatter Mineralbad.

Bei Helmut Sauter
*1936

handelt es sich um einen geborenen Stuttgarter. Er ist gelernter Maler, der sich später zum technischen Industriezeichner ausbilden lies. Er war dann ab 1964 freischaffender Graphiker und in Dettenhausen ansässig. Als bildender Künstler der auch naturalistische Motive schuf, war er dann hauptsächlich im süddeutschen Raum und am Bodensee tätig. Es waren vielfach bemerkenswert schöne Aquarelle.

Knoll meinte am Telefon: „er solle nur mal im *Wikipedia nachforschen" und dort seien mit freundlicher Genehmigung des Künstlers- beachte- vier zeitgerechte Werke der Altstadt Waldenbuchs zu sehen. Die Bildschirmvergrößerungen zeigen Details, die auch in den alten schwarz/weiss Fotografien dokumentiert sind. Es sei, so ist zu erfahren, nur eine kleine Auswahl an Werken.

Der Verfasser flaigerte sofort nach Ansicht eine email an Knoll: All diese Waldenbucher Dokumente die wir in den letzten Jahren gefunden haben, gehören in eine Ausstellung. Zusammengefasst auch mit den noch lebenden Künstlern. Und ein Katalog wäre ein wichtiges Zeitdokument. Und die Fotografen sollen ein Dokument schaffen. Früher-Heute.

Die Antwort kam promt. Er sah den anderen grinsen:

„Willst Du's nicht angehen, du Phantast und die beschriebenen Werke und Künstler zusammenführen?

„Gott bewahre", denkt er. Und er denkt an den uralten Kinderreim: „Kaiser, wie viel Schritte schenkst du mir"? noch..

Bei irgendwelchen Recherchen in den StN stießen sie dann auf einen Mitbürger, den sie durch die vielen Beiträge im Amtsblatt der Stadt kannten, auf: Erwin Kaysersberg (*12.11.1920 † 2010) der eigentlich Erwin Kotecki hies. Bekannt allerdings als „Amigo" bei den Stuttgarter Nachrichten. Grafiker und Karikaturist, Maler und nicht nur Waldenbucher Motive. Geboren 1920 in Charlottenburg und lies sich 1972 in Kaysersberg umtaufen. In Anlehnung an Kaysersberg im Elsass (Albert Schweizer) und wie er zu sagen pflegte, um seinen Kindern den polnischen Namen zu ersparen.

„Hast du gewusst, dass er schon seit dem 2. Weltkrieg hier in Waldenbuch ansässig war"? fragt Theophil. Er gehörte der Luftnachrichten Kompanie

„mot8" an, die hier stationiert war.

Ein echter Bonmot ist auch seine Aussage, dass er, wie es sich für einen echten Karikaturisten gehöre, im „Schelmenbiegel" wohne. In dem im Mittelalter Schelme geköpft wurden …

Er war ein aufmerksamer Zeitgenosse, nicht nur präsent in seiner Zeitung, sondern auch wie schon bemerkt, im Blättle.

Dokumentiert ist er heute in seiner privaten Galerie Kaysersberg, in der man sein Werk nach Vereinbarung bewundern kann. Oder online eine kleine, aber sehenswerte Auswahl. Waldenbuch und Umgebung. Akte/Portraits. Abstraktes aus aller Welt.

„Ob er auch wichtige Dokumentationen von Kaysersberg kenne"? Fragt Knoll unvermittelt.

So die vom Forstmeister Knödler. NSDAP Ortsgruppenleiter. Dem Einmarsch der Franzosen in der Schlussphase des zweiten Krieges- mit all den schrecklichen Plünderungen und Vergewaltigungen und Prügelszenen. Und Kaysersberg als Zeitzeuge.

Und sie gerieten sofort und wieder mal in einen

heftigen Diskurs. Heimatvertriebene wurden 2016 öffentlich aufgefordert ihre Schilderungen von Vertreibung und Not und Ankunft in der Schönbuchstadt zu veröffentlichen.

Dürfen dann in diesem Kontext die Schrecknisse der alten einheimischen Bevölkerung fehlen?

„Du immer mit deinem rechts/links denken" knurrte Theophil

„Immer wenn ich was sage, musst du natürlich einen draufsetzen".

„Du Gnepfleswäschr".

Und selbst als er dieser Tage am Stammtisch in der Traube sich in Rage redete, war der allgemeine Tenor am Tisch: „Wer sodd denn heutzutage no ebbes drieber wissa ...?

Also ist es damit auch abgetan ?!

Ganz bewusst sind da die Kunstfreunde zu loben, die in ihren Ausstellungen und Vernissagen sich einer Vielfalt an Künstlern angenommen haben, die wie geschildert in ihrer Stadt gelebt und gewirkt haben. Aber auch solche, dromrom.

Eine Unterhaltung an einem Frühlingsmorgen in diesem Jahre mit einem Mitglied der Kunstfreunde ergänzte in weitem Bogen ihren Wissenstand. Aus seinem umfassenden Fundus waren auf einmal Namen ganz geläufig:

wie Christian Günther oder

Hans Bäuerle
*28.04.1931 in Königsbronn/Ochsenberg

in seiner Autobiografie ist zu lesen, dass dieser Künstler bereits bei seiner Geburt von seinem Vater als Nachfolger, als Bauer vorgesehen war. „Ond du wirschd á Bauer". Er hatte aber von klein an einen Hang zum malen und zeichnen. Und das vorgesehene Berufsziel entsprach so gar nicht seinen Vorstellungen. Er wollte seinen eigenen Weg finden. Was in einen jahrelangen erbitterten Streit mit seinem Vater mündete. Der aber hatte nicht mit der Sturheit und dem unbeugsamen Willen seines Sohnes gerechnet.

Er begann nach dem Krieg mit einer Malerlehre in Heidenheim und besuchte von 1951 an eine private Kunstschule in München, bevor er ab 1953 bis 1958 an der Staatlichen Akademie der Künste in Stuttgart studierte. Es folgten 1958 ein Lehrauftrag an der Kunstschule in Istanbul. Nach seiner Rückkehr folgte eine Anstellung als künstlerischer Mitarbeiter in einer Firma, bevor er sich ab 1970 selbstständig machte.

Ein wesentlicher Anteil seines künstlerischen Schaffens sind nennenswerte Exponate bei der Kunst am Bau. „Keramikarbeiten der Mensa der Stuttgarter Universität, Emaillearbeiten im Kreiskrankenhaus Heidenheim, Holzarbeiten im Robert-Bosch-Krankenhaus und in der Böblinger Kongresshalle und Malereien am Hallenbad", sind ein bleibendes

Zeugnis. 1956 wurde er mit dem Akademiepreis und vielen namhafen ersten Preisen ausgezeichnet. Es wurden mehrere Monographien über ihn veröffentlicht und er erhielt 1991 das Bundesverdienstkreuz.

Anlässlich seines 85 Geburtstages sind in einer Ausstellung in Altdorf Malerei und Skulpturen zu sehen.

Ein Pflichttermin für Theophil Knoll und ihn.

Und am 1. Mai 2016 im Schlossgarten zu Mauren die Skulpturen.

Karl Stirner
*04.11.1882 Rosenberg
†21.06.1943 Schwäbisch Hall

ist deswegen erwähnenswert, weil er für viele Schüler die Illustrationen in der „Fibel für die katholischen Volksschulen in Württemberg" bekannt ist. Diese Fibel wurde immer wieder aufgelegt. Und ganze Generationen haben daraus das Lesen gelernt.

Karl Stirner stammt aus einer Rosenberger Bauernfamilie. Wie in vielen vergleichbaren Künstler Legenden, begann er zuerst eine Lehre in Ellwangen als Zimmermaler und nahm Zeichenunterricht in einer Abendschule. Nach Rückkehr aus der Wanderschaft 1906 besuchte er die Stuttgarter Kunstgewerbeschule von Prof. Hans von Kolb. Mit den Illustrationen von Mörikes Hutzelmännlein gelang ihm 1913 ein erster durchschlagender Erfolg. Im selben Jahr unternahm er eine denkwürdige Reise nach Algerien. Nach seiner Rückkehr ein Schweiz Aufenthalt wegen eines Lungenleidens. Hier im Sanatorium in Agra lernte er Hermann Hesse kennen. Er wurde sein Mitarbeiter an dessen Bücherei für Deutsche Kriegsgefangene. Die Bekanntschaft mit dem Maler Ernst Ludwig Kirchner und dessen expressionistischem Malstil, beeinflussten ihn nachhhaltig. 1919 auf der Stafelalp bei Davos und einer Reise nach Sizilien sind die kräftigen Farben bei einer Reihe von Landschaftsbildern Ausdruck seiner neuen Linie. 1921 kehrte er in seine Heimat nach Ellwangen zurück. Es erschienen seine ersten Bücher und Gedichte. Und dann, wie schon geschildert seine Mitarbeit an der Fibel. Er besuchte auf einer Italienreise noch einmal Hermann Hesse, trotz seiner schweren Lungenkrankheit.

Karl Stirner verstarb 1943 in der Diakonissenanstalt in Schwäbisch Hall.

Hans Hahn-Seebruck
*1921 in Gültstein †2014 Steinenbronn

In der weißen Scheuer bei der Seebruckenmühle im Siebenmühlental war das Refugium von Hans Hahn. Der dann in seinen Namen diesen Ort aufgenommen hat.

„Weil er fast sein ganzes Leben dort verbracht hatte". Geboren und aufgewachsen im nahen Gültstein bei Herrenberg übernahmen seine Eltern 1936 die Seebruckenmühle und den landwirtschaftlichen Betrieb und gründeten die dortige Gastronomie. Anlaufpunkt für viele drom-rom, ond au Schduegerdr.

15jährig allerdings merkte er bald, dass das nicht seine Lebensplanung sein konnte. Ihn zog es in eine andere Richtung. Er absolvierte eine Lehre als Dekorationsmaler und studierte dann bei Willi Baumeister an der Stuttgarter Kunstakademie.

Ging dann auf Wanderschaft und lebte in Spanien, Italien, Paris, in verschiedenen Balkanländern.

Seine ersten Erfolge künden aus Spanien, Cordoba und Madrid. Farbenfrohe Ölbilder entstanden auf diesen Reisen.

Die im Kriege zerstörte Mühle baute der Vater wieder auf und aus Scheune und Stall wurde das Atelier des inzwischen zurückgekehrten.

Ausstellungskataloge zeigen Phasen seiner Schaffensperioden. Und Holzschnitte, die zum Teil an den großen von der Achalm erinnern. An HAP Grieshaber.

1967 eröffnete er die gut frequentierte „Weiße Scheune" die auch viele Jahre als seine Galerie diente. Arbeitsreisen folgten, z.B. ind die U.S.A. und nach Sizilien.

Hans Hahn verstarb 2014 und wurde in Steinenbronn beigesetzt.

Und der Glückselige, der Werke sein Eigen nennen kann. Ob Gegenständlich, Surreal, Kollagen, Öl und Aquarelle.

Oins nach em andera

Nach zwei Umzügen am Ort bot sich dem Verfasser eine Gelegenheit. Bei einem Stammtischbesuch erfuhr er, dass ein älteres Haus frei würde. Er erhielt den Zuschlag und eine erschwingliche Miete lies ihn in die Walddorfer Straße ziehen. Viele der Nachbarn kannte er aus alten Tagen und von Verwandten. Nach einer fast vierteljährlichen Umbau und Renovierungsphase, mit tätiger Mithilfe der Söhne, zog er dann dort ein. Ein ausgebauter Dachstock wurde sein Refugium. Mit all dem Krimskrams und Ordnern und Kladden und den Winkelschreibtischen für Notizen und dem LaP Top entstand ein Arbeitsplatz mit samt Drucker, Telefon und TV.

Und nun war ihm Waldenbuch, der Schönbuch, das weitere Umland interessant geworden. Nie dass er außer Haus ging ohne Notizbuch. Dass er sich irgendwohin setzte und notierte. Auch dass er Freunden und Bekannten aufs Maul schaute. Seinen Schreibfluss zu fördern, in dem er wieder regelmäßig Tagebuch führte und am nächsten Tag stoisch den vergangenen Tag in seinen Moleskin mit dem Füllfederhalter eintrug. Theophil Knoll sah dies mit einer gewissen Erheiterung. Dann sortierte der Verfasser seine Gedichte und irgendwann bat er seinen Freund, Journalisten und

Schriftsteller Georg Bahmann einmal darüber zu lesen. Seine Freundin Silke, um schlimme schreib- und sonstige Fehler zu eliminieren.

Geschichten, die er parallel bei den Landeslite- raturtagen 2010 in Heidenheim (erzählweise) ein- reichte. Eine der Geschichten, sinnigerweise die vom Ameisenhaufen, fand Gnade vor den Juroren und wurde in einer öffentlichen Lesung im Trai- ningszentrum der Voith Papiermaschinen an der Brunnenmühle öffentlich vorgetragen. Die ihm ei- nen redlichen Beifall eintrug. Die Veröffentlichung all der vielen Beiträge weiterer Einreicher in einem geplanten Buch unterblieb allerdings aus unerfind- lichen Gründen.

Eine Ortheil Begegnung in der Dürnitz des Wal- denbucher Schlosses gaben dann aber den letzten Anstoß, den Gedichtband „Hoimet Waldābuāch" diversen Verlagen anzubieten. Die aber allesamt ablehnten. Die Begründung, einer zu kleinen Auf- lage des zu regionalen Werkes war allerdings ein- leuchtend. Und schwäbische Laute für die *örtliche Süße und Seifen Industrie* mit ihren multikulturel- len Belegschaften nicht erwünscht. Und wurden daher auch abgelehnt. Ein ausführliches klärendes Gespräch mit Titus Häußermann vom Silberburg- verlag im Literaturhaus Stuttgart, untermauerten die Argumente.

Nicht desto Trotz erkühnte er sich, den Gedichtband

im Eigenverlag zu verlegen und mit nicht unerheblichen finanziellen persönlichen Aufwendungen in einer Kleinstauflage heraus zu bringen. Dem Habitus des Verfassers entsprechend erfolgten Layout, Druck und Herstellung am Ort durch die Druckerei im Bonholz. Und nicht der Mode entsprechend von einer online Druckerei auf der großen weiten Welt. Seine Premierenlesung fand in der Stadtbücherei im November 2014 statt, mit durchaus nennenswerten zwanzig Zuhörern. Unter dem bezeichnenden Titel „bei Kerzaschei' ond ma Gläsle Wei". Und mit einem Viertel Trollinger im Kickers-Gläsle mit dem blauen Henkel. Das man den anwesenden Zuhörern zum Abschied schenkte.

So waren dann die ersten Eindrücke eines selbstverlegenden Schriftstellers durchaus ernüchternd und die restlichen Bände der „Erstausgabe" schlummern vom Verstauben gesichert in diversen Kartons auf der Bühne. Eine erfreuliche finanzielle Zuwendung erfuhr er dann allerdings vom „Verein schwäbischer Dialekt" aus Rottenburg/Tübingen. Seinen Dank, den er hiermit erneuert, sie haben ihn vor einem bösen Soll Saldo bewahrt.

Mund.art Stammtische

Donnerstag, 15. Oktober 2015 um 19:00 Uhr

9. Herrenberger mund.art Stammtisch im Hotel Gasthof Hasen (Tessiner Grotte) Herrenberg, Hasenplatz

zu Gast am Stammtisch: Helmut E. Pfitzer. Mit einem brillianten Vortrag aus seinem Schaffen und aus seinen Werken.

Es bestand Gelegenheit für alle Anwesenden eigene kurze Mundartbeiträge einzubringen.

Dr. Wolfgang Wulz stellt den Verfasser als „drittá em Bunde" sein Landsmá, Gnepfleswäschr und heitiga Waldābuāchr vor.

Mund.art Beitrag des Verfassers
am 15. Oktober 2015

Liabe Âwesende ond Freinde schwäbischen Dialekts: ‚s isch fir mi koi argr Omweag gwä, on i ben heit z'erschdmol bei eiram Schdammdisch en Herraberg. Liabr Wolfgang, Dank schee, fir die nedde

Eileidong. I hann eich heit a Gschichtle mitbrocht, an gloina Gruaß vo meinra Schokladschdad. Ond dui lies i jetzt.

(Es war dann sozusagen eine gesprochene Simultanübersetzung des folgenden in den Dialekt)

„Vor em Lamanik"

Nach dem oberen Kreisverkehr weisen die Schilder zur historischen Stadt. Direkt am Landgasthof Rössle biegt man rechts ab.

Dem kleinen Bistro mit dem großen Namen Döner, folgt Brigittes Geschenklädle. Ilonas Fußpflege rechts und der Filiale der Kreissparkasse auf der linken Seite. Dann fällt der Blick auf einen imposanten Querbau. Fast in römisch Terrakotta gehalten. Jetzt etwas verbraunt. Es ist dies die uralte Poststation an der alten Schweizer Straße. Auf der Jahrhunderte lang Fuhrwerke und Postkutschen von der Schweiz kommend über Tübingen nach Stuttgart fuhren. Oder umgekehrt. Es war der Pferdewechsel. Reisende wie Friedrich Schiller 1793, oder Johann Wolfgang von Goethe 1797 machten hier Station. Goethe, auf der Reise nach Italien, schrieb in sein Tagebuch „*Waldenbuch ist ein artiger, zwischen Hügeln gelegener Ort mit Wiesen, Feld, Weinbergen und Wald und einem herrschaftlichen Schloss*", und sie verlustierten sich dann daselbst im Gasthof Krone, bis es weiterging. Nicht ohne vorher ihre Namen mit dem Messer in die Tischplatte zu schneiden.

Heutzutage ist hier in der alten Poststation das Lamanik, ein kleines schnuckeliges Cafe Restaurant und weiter unten eine Bar. Vor dem Lamanik, wie auf einem erhöhten Podestplatz sind Tische und Stühle aufgestellt. Ein rechter Freisitz bei Sonnenschein für einen Cappuccino, Eis, ein Weizenbier oder einen leckeren Snack. Vis a vis eine Boutique neben der Einfahrt zum Parkplatz und früher Binders Feinkost Laden. Eine Quelle wunderbarer Köstlichkeiten und edler Weine und allerlei mediterraner Genüsse, die dem Gourmet keine Wünsche offen ließen. Der Blick vom Lamanik ist ein wahrer Herrensitz und Feldherrenhügel *auf den Graben* und den einmündenden *Neuen Weg*.

Sie setzen sich an ein kleines rundes Café Tischlein, direkt an der Hauswand. Die Gastronomie öffnet erst um 15:00 Uhr. Sie sind zu früh. Also warten sie geduldig. Er bestellt sich dann einen Cappuccino, die Gefährtin ein Glas Trollinger mit Lemberger. Es ist ein wunderschöner warmer Spätherbsttag. Eigentlich wollten sie ja ein Eis essen gehen.

Sie sind überrascht. Es herrscht in der alten Landstadt vor ihrem Sitzplatz jetzt um diese Zeit ein reges Treiben. Autos biegen Richtung Bundesstraße die den Ort durchschneidet ab. Oder kommen von dort her. Fahrradfahrer auf dem Museumsradweg. Menschen eilen zur Sparkasse, oder sonst wo hin. Mütter mit Kinderwagen schieben die Kleinen auf dem Gehsteig. Wieder andere gehen zu Mena's Friseursalon die Treppe hoch. Bekannte heben freundlich die Hand und grüßen. Andere setzen sich an die freien Tische. Langsam wird es voll. Mütter mit den Kinderwagen die ihre

Besorgungen beendet haben bilden um sie eine Wagenburg. Sie sehen in meist lachende Babyaugen und wundern sich über die vielen Leute, die so einfach an einem Werktag mittags Zeit und Muse haben.

„Das hätten wir schon öfters machen können" sagt sie.

Er nickt nur, nimmt seine Tasse hoch und steckt gar nicht Gentlemanlike seine Zunge in den Milchschaum und stöhnt leise. Dieses zarte Milchgespinst liebkost die Zungenspitze und dann merkt er das bittere des Kakaos. Ein Jubel für die Geschmacksknospen. Dann trinkt er in kleinen Schlucken. Nach der Kühle des Schaums der heiße, starke Espresso. Man könnt' sich dran gewöhnen, denkt er.

„Dees isch' wie em Läba", sagt er dann völlig zusammenhanglos. Sie schaut ihn verständnislos an.

Und wenn er jetzt in Italien wäre würde er in den Teller mit den Dolci greifen …

Völlig surreale Gedanken gehen ihm durch den Kopf und er überlegt nun ernsthaft, ob er ein Weizenbier trinke, oder doch den lang ersehnten Eisbecher Monumentale bestelle.

„Wenn du no ois drenkscht, bschdell i mei Eis"?

„Du emmr mit deim Eis"!

„Aber deswege send m'r doch herkomma".

Ihre Aufmerksamkeit wendet sich nun dem Feinkostladen zu. Er ist bedenklich leer. Binder sen. sitzt vorne an seiner Kasse. Andrea ist im hinteren

Teil des Ladens beschäftigt. Eine Bekannte betritt das Ladengeschäft und geht durch die Regale.

Eine ganze Besuchergruppe kommt daher. Er nimmt an vom Schokoladen Ritter. Sie flanieren laut schwatzend an ihnen vorbei die Marktstraße hoch und gehen der Kirche und dem Schloss zu. Bleiben wie viele am erst nach 1978 renovierten Bauernhaus Ebinger stehen. In dem jetzt das Cafe am Markt betrieben wird und betrachten das alte Fachwerk. Gehen dann an der alten Viehtränke, dem Marktbrunnen vorbei. Und staunen über den historischen Stadtkern, der auf seinem Hügel einmal von der Stadtmauer umgeben war. Von der noch Reste *Unter der Mauer* zu sehen sind.

Viele wissen nicht mehr, das erst nach 1975 im Rahmen des Städtebaulichen Rahmenplanes und Beschluss des Gemeinderates eine gewaltige Sanierungsleistung in Angriff genommen wurde. Er bedauerte nachhaltig, dass die vielen Misthaufen vor den alten Häusern verschwanden, um der Stadt ein urbanes Gesicht zu geben. Die gelebte Vergangenheit und ihre Ländlichkeit aber dadurch verloren hatte. Aber das war vor ihrer Zeit in der Stadt.

Er bestellt sich wie angekündigt den Eisbecher, der mit einem langen Eislöffel freundlich serviert wird. Die Frage, ob er dazu ein Wasser möge verwirrt ihn etwas und er verneint „eigentlich nicht, dank schee".

Es passiert ihnen nicht oft, dass sie völlig ruhig und gelöst einfach nur da sitzen. Es ist, wie man so schön sagt, eine naseweises Eck. Und dieses ruhige vor sich hin Schweigen öffnet neue Blicke und Gedanken. Vor sich hin träumen. Ein lang vergessenes Tun. Untergegangen im vierzigjährigen Geschäftsleben. Und auch zu Hause. Wo immer etwas zu bereden war. Sie sind nicht unfreundlich zueinander. Das sagen die Blicke. In diesem Schweigen Freundlichkeiten auszutauschen. Liegt darin ein Zauber?

„pass doch auf!" „du hasch wieder ‚z ganz Hemmed vertrielt!".

Er sieht an sich herunter. Auch noch ‚s Schokoladeneis auf dem gelben Poloshirt!

„i hann's g'wisst, emmr der lang' Leffel, z nägschdmol nemme mein kloina vo d'rhoim mit …

Schönbuch

Wie oft er im Schönbuch war? Seit er sein Domizil in Waldenbuch aufgeschlagen hatte. Entdeckte er immer mehr das Land um Böblingen und Tübingen mit seinen wunderschönen, zum Teil auch bizarren Landschaften. Die Umgebung am Rande des Schönbuchs gelegen, die mehr und mehr faszinierten. Seine Entdeckungen zu Fuß und mit der Setterhündin Aischa hatten bald etwas abenteuerliches angenommen. Erst später kaufte er die aktuelle Wanderkarte. Immer mehr zog es sie hinaus, ohne Weg und Steg zu kennen. Und er wusste manchmal seinen Standort nicht und fragt entgegenkommende Wanderer, wo denn der Weg ende, oder wo und wie er wieder zu seinem Ausgangspunkt zurückkäme.

Er kannte bald viele Flurnamen und wusste dann inwendig, wenn die alten Waldenbucher am Stammtisch von einem Ochsenschachen, oder vom Stumpenhäule, Scheithau, Walddorfer Dorn, Doschigen Büchle, einem Dreherin Schachen, oder der Glashütter Viehweide und anderen Gewand Namen sprachen. Sie erklärten ihm aber jedes mal, wie er der Neubürger dort hin käme. Ganz besonders Richard Landenberger, der Wagner. Oder der Kronenwirt, Walter Wagner. Sie wurden Freunde und belehrten ihn mit ihrer Kenntnis. Er war ja noch jung und zwanzig, oder fünfundzwanzig

Kilometer bergauf und bergab waren nichts für ihn. Durch seine Reise- und Schreibtischarbeit und bei zum Teil recht stupiden Tagesabläufen gewannen Wald und Natur immer mehr an Bedeutung. Er erzählte der Gefährtin nichts von seinen unorganisierten Wegen. Oder Querfeldeinaktionen. Nur sein immer wieder verdrecktes Schuhwerk sprach eine beredte Sprache. Der Hund sprang mit Hingabe ins Auto, wenn er sie in einem bestimmten Tonfall ansprach: „komm Alde, jetzt ganget mr en dr Wald" . Und manchmal bellte sie fröhlich, wie er meinte. Er hatte sich eine Schulterleine besorgt, eine Down Pfeife. Wie sie Förster mit sich führen. Manchmal dachte er an seine Jugend auf der Heidenheimer Alb und an ebensolche Touren mit dem Großvater. Wenn er sich wieder einmal richtig verlaufen hatte. War doch auch der Irrweg interessant und es gab vieles zu beschauen, stehen zu bleiben, oder das Glas hochzunehmen und einen Hasen, ein Reh oder einen Greif anzusprechen . Und ehrlich, Märchenwälder in denen der Wanderer dreitaglang nicht mehr herauskam, das gibt es in der heutigen Zeit längst nicht mehr.

Bei sonntäglichen Familienausflügen fuhren sie nach Bebenhausen, ins Goldersbachtal. Sahen die Anfänge seiner Touren, die er dann später mit der Karte plante. Ebenso die Besuche hier. Seine Besuche beim letzten König und Besichtigung des Klosters. Er las sich in die Historie ein und erstaunte nicht schlecht. Welch große Geister hier

Scholares waren. Literarisch seine gern gelesenen schwäbischen Dichter wie Uhland, Hölderlin, Gustav Schwab, Mörike um nur diese zu nennen. Welche Bedeutung! Der sich hier konstituierte Landtag Baden Württembergs nach dem unseligen Kriege. Den er Gott sei Dank nicht erleben musste. Die späte Geburt hatte ihn davon bewahrt.

Er umrundete den Hügel, das Haus des ehemaligen Ministerpräsidenten und Bundeskanzlers Georg Kiesinger. Setzte sich in Gras, an einem Grashalm kauend. Und lies seinen Gedanken freien Lauf. Frei von Zwängen des täglichen Einerlei. Sah vor seinem inneren Auge Ritter auf ihren Rossen, Eberhard im Bart, der die unglückliche Gräfin Mantua heimgeführt hatte, nach Urach. Und sein unseliger Tod im Schloss in Hohentübingen am 25.2.1496. Begraben im Stift Einsiedel. Später überführt herab von Sankt Peter in die Grablege nach Tübingen, in seine Stiftskirche.

Oder wie sich ein Greif ein Milan, oder Bussard über die Wipfel in eine Himmelsbläue treiben lies, so träumte er dies, weil er in seiner Vorstellungskraft sich all dies vergegenwärtigen konnte. Im Wandel. Das vorüber huschende und nur Einhalt gebietende von der Zeit, die das ewig vergängliche und zuküftige mit sich brachte. Und er sah hinab auf den Friedhof an der Kirche. Ging hinunter, öffnete das quietschende alte Eisentor. Und erkannte das Vergängliche. Und suchte vergeblich die Grabstätte von König Wilhelm II. las nach und erstaunte. Als der König am 2. Februar 1921 in Bebenhausen verstorben war, lies er als letzte Verfügung den Trauerzug um Stuttgart herumgeleiten und er lies sich auf dem alten Friedhof in Ludwigsburg an der Seite seiner ersten Frau und seines Sohnes in einem Erdgrab bestatten.

Nicht einmal im Tode mehr wollte er „sein" Stuttgart sehen. Das ihn nicht mehr wollte, mit ihrer Revolution.

Es war aber um ihn der Duft der Wälder und Wiesen. Und er hörte den Gesang der Vögel. Ein rascheln neben ihm im Grase. Das war dann das Gegenwärtige, das reale und die braunen Augen des Hundes, die ihn erwartungsvoll anblickten: „Ja was ist denn, du, geht es nicht bald weiter, du Träumer".

Und wie sie dann weitergingen. Er den Tennisball oder Stöckchen werfend. Und der Hund sie wieder brachte. Manchmal mit einem aufforderten „wuff". Los mach weiter, ich bin noch lang nicht müde.

Königliche Jagdhütte im Schönbuch

Im laufe der Jahre beschäftigte er sich auch verstärkt mit den Abhandlungen des Waldenbucher Pfarrers und Historikers Siegfried Schulz. Den alten Bilddateien z.T. Aufnahmen noch vor dem Krieg, alten Oberamtsbeschreibungen von Waldenbuch .

Ein bemerkenswerter Wandel zur Urbanisierung und Renovierung bis hin zur durchgeführten Altstadtsanierung in den achtziger Jahren des vorigen Jahrhunderts erfasste die Landstadt. Die heute den Besucher mit ihrem morbiden Charme empfängt und gefangen nimmt. Es beschäftigten ihn die unerschöpflichen online Dateien von Wikipedia. Die er immer mehr als Medium nutzte. Bücher über Waldenbuch und seine Geschichte, seine Menschen, Dichter, fand er in der Stadtbibliothek. Nicht zu vergessen die Investoren die in seinem schon hier sein auch baulich Hochhaus artige Gebilde neben den gedrungenen Gehöften der Großelterngeneration entstehen ließen. Ein modernes Zentrum entstand auf dem Kalkofen, dem nördlich gelegenen Hügel.

Mit Supermarkt, Hallenbad und Schule. In alten Gärten und Streuobst Anlagen entstand ein Stadtteil für ein paar tausend Menschen. Viele, die die engen Wohnungen der Altstadt verlassen hatten, bauten hier neu und großzügig und mit allen Annehmlichkeiten des modernen Wohnens.

Durch einen puren Zufall speicherte er einmal eine Fernsehsendung auf Video. Sie sofort vergaß und erst Wochen später ansah. Und dann sprachlos davor saß. Das Bilderbuch Deutschland beschäftigte sich mit dem Schönbuch. Dass sie einmal einen Flugplatz planten mit einer Landebahn von der Kälberstelle bis nach Walddorf. Mitten im Schönbuch. Als Hans Filbinger Ministerpräsident war. Und von den Protesten der Menschen. Ganz besonders durch die so genannten Waldläufer. Von denen er vorher nie etwas gehört hatte. Und da war auf einmal eine Aufnahme der königlichen Jagdhütte.

Und ein Interview mit dem damaligen Forstdirektor Eberle, der in anschaulicher Weise seine eigenen Weisheiten von Kultur und Wald und Jagd für die Aufnahme beigesteuert hatte.

Bei seinem Freunde Volker Bopp aus Schmiden kam er darauf zu sprechen. Auf den Schönbuch. Auf diese Geschichte. Dieser nun war ein profunder Kenner der Württembergischen Geschichte. Und als er die königliche Jagdhütte erwähnt hatte, beschlossen sie spontan eine gemeinsame Wanderung dorthin zu machen. Bei seinen Recherchen stieß er auf die Entstehung der Hütte. Prinz Wilhelm, der spätere König Wilhelm der II. gab 1888 eine Jagdhütte im Schönbuch in Auftrag. Oberförster Münst erwähnt in seiner Revier Chronik, dass die Hütte im Schweizer Stil errichtet wurde.

Ein hübsches Zimmer für den Prinzen vorsah, ein Vorzimmer, das auch gleich als Küche Verwendung fand. Und über einen Keller verfüge. Eine Wagenremise dazu. Die Hütte sei bequemlich, heizbar, aber einfach möbliert gewesen und innen und außen mit Hirschgeweihen behangen. Diese Hütte wurde später sein Lieblingsaufenthalt. Als Ort der Einsamkeit. In der Zeit als Wilhelm König in Stuttgart war.

Nach seiner Abdankung als König von Württemberg zog er sich mit seiner Frau ins Schloss nach Bebenhausen zurück, in seinen geliebten Schönbuch.

*Im Bilderbuch Deutschland bemerkt der Sprecher dazu: „weil ihn die Stuttgarter nicht mehr wollten"; „und das hat er ihnen nie verziehen und wollte selbst nach seinem Tode nicht nach Stuttgart zurück".

Danach war die Jagdhütte aber nicht geschlossen. Das Gästebuch erzählt weiter von Jagden und Festlichkeiten. Aber nun von Forstleuten, Waldarbeitern und Jägern und ihren Gästen. Häufiger Besucher so ist zu lesen, war auch der ehemalige Ministerpräsident und spätere Bundeskanzler Kurt Georg Kiesinger. Er hatte in Bebenhausen sein Privathaus. Ob er allerdings in diesen unruhigen und von RAF Attentaten und Protest geschwängerten Jahren von der Hütte aus Regierungsgeschäfte betrieb, und über den Postbotenweg Briefe und Akten befördert wurden, das darf getrost bezweifelt werden.

Solche Details zusammenzutragen machte ihnen Freude. Und die anstehende Wanderung noch interessanter. Volker Bopp bei all seinen Erkundungen und Besuchen von Schlössern und Burgen Württembergs, sei noch nie auf diese Jagdhütte gestoßen und war sehr gespannt darauf.

Und irgendwann später, im Herbst, trafen sie sich in Waldenbuch und zusammen mit Sohn Julian und dem Hund machten sie sich auf den Weg nach Bebenhausen. Nicht dass er die nötige Fourage vergessen und in den Rucksäcken verstaut hatte. Sie parkten am Parkplatz vor dem Kloster und gingen dem Goldersbachtal zu. Die Sonne schien und ein leichter Wind hatte die Morgennebel vertrieben. Sprachen von diesem und jenem. Und von den traurigen Ergebnissen der Stuttgarter Kickers.

Zur Hütte kommt man hinauf, westlich von Bebenhausen durchs Goldersbachtal. An der Wege Gabelung zu Beckles Garten und dem weiteren Verlauf des Goldersbachs, stiegen sie dann halbrechts dem Schild folgend auf dem schmalem Pfad des Postbotenwegs aufwärts. Ein schmaler Steig. Über diesen Weg hielt der König Verbindung zur Residenz in Stuttgart und konnte seine Regierungsgeschäfte vom Schönbuch aus durchführen. Im Gästebuch sind viele Einträge von Jagdgesellschaften und Jagdgästen vermerkt. So war im Jahre 1893 Kaiser Wilhelm II. im Schönbuch Gast. Als Erinnerung an diesen Besuch und der aus diesem Anlass abgehaltenen Jagd, wurde in diesem Jahr eine Linde an der Kreuzung am Kayher Sträßle und dem Sommerstichweg gepflanzt. Die heute unter den vielen wunderbaren alten Bäumen des Schönbuchs ein großartiges Denkmal darstellt.

Der ausgetretene Steig ließ vermuten, dass er immer noch regelmäßig begangen wurde. Heute weniger von Postboten, als von Wanderern die kundig waren. Sie atmeten den einzigartigen Duft des Waldes. Höher kommend waren immer wieder der schöne Ausblicke Lohn für die Anstrengung.

Nun war das Thema der Schönbuch. Er erzählte ihnen, dass es sich um ein fast vollständig bewaldetes Gebiet handele, südwestlich von Stuttgart. Und ein Teil des Keuperberglandes sei, einem Teil des südwestdeutschen Schichtstufenlandes. 1972 wurde der Schönbuch zum ersten Naturpark von Baden Württemberg. Er sei 156 Quadratkilometer groß. Die höchste Erhebung vis a' vis von ihrem Weg, sei der Bromberg mit rund 582 m über N.N. Dass es sich um ein regionales Naherholungsgebiet handelt, sieht man an den Wochenenden und den übervollen Grillplätzen. Die Forstbehörden hatten sie angelegt (*Eberle) die die Menschen nun ausgiebig bevölkern. Zum Schutz der Fauna und Flora gibt es aber nur wenige für Autos befahrbare Straßen. Gatter ringsherum, in denen Hirsche und Sauen einen angemessenen, naturnahen Lebensraum haben. Und es gibt am Wege manche seltene schützenswerte Pflanze oder Strauch.

Es ist eine kurzweilige Wanderung. Sie erzählen, lachen und schauen. Am Gatter und Querweg orientieren sie sich in der mitgebrachten Wanderkarte.

Mit dem Riegel öffnen sie das Tor und schließen es auf der anderen Seite wieder. Dann unausweichlich die Frage nach der Schwere des Rucksacks. Die er aber mit einem Grinsen abtut. Wartet es nur ab. Soviel, verhungern und verdursten werden wir nicht. Es geht jetzt, nachdem sie Kamm erreicht haben kommod weiter und sie schnaufen nicht mehr so. Ein Kuckuck ruft und manche Vogelstimme . Ein hohes Stangenholz mit alten Buchen und vereinzelten Kiefern durch das sie jetzt auf breitem Forstweg gehen. Dazwischen immer wieder mannstarke Eichen. Der Kies knirscht unter dem Wanderschuh. Dann sehen sie sie, die

Königliche Jagdhütte

Eigentlich sind sie nach dem ersten Eindruck etwas enttäuscht. Alle drei hätten wohl einen monumentaleren Bau erwartet. Er dachte spontan an das Schachen Haus, in dem der Bayern Kini Ludwig II umgeben von pluderhosigen Dienern, Orientalische Nächte gefeiert hatte. An Wasserpfeife, Opium geschwängerte Luft und wie sie dem zahnkranken, zuckersüße Stückerln und Mokka serviert hatten. Jetzt geht ihnen auch der Begriff Hütte ein. Und er erkennt auch gleich seine dummen Hirngespinste. Bei den Württembergern gibt es natürlich auch keine Pluderhosen. Der König, so ist bekannt, liebte den Most. Sie umrunden das Gebäude und versuchen die Türe zu öffnen. Es ist aber alles verschlossen. Natürlich. Vor der Veranda und dem aus Ästen gefertigtem Geländer sind feste Tische und Bänke für Wanderer und Radfahrer aufgestellt. Ein schöner Ausblick von hier, in einen Tal Einschnitt und die darüber liegenden Höhen. Und weit hinten im dunstigen Blau, die Höhen der Schwäbischen Alb. Sie rätseln. Der Neuffen müsste mehr links sein. Aber Reutlingen zu da müsste die Achalm zu sehen sein.

Sie sind nicht allein. Es sind mit ihnen fast ausschließlich Radfahrer da. An einem der seitlichen Tische ist Platz. Sie stellen die Rucksäcke ab und zwei sind recht gespannt, was nun zum Vorschein kommt. Er doziert:

„Wir haben Schinkenbrote und Benzin...“ Dann packt er eine ganze Batterie Salami Brote aus, die er gönnerhaft auf den Tisch legt. Die Gefährtin hatte sie vor der Abfahrt hergerichtet. Und nun, bitte Beachtung. An den Nebentischen waren die

Leute aufmerksam geworden und sie schauen erwartungsvoll herüber. Und er zieht das erste Fläschlein heraus: Königsbräu Pilsener aus Oggenhausen. Zwei kommen sogar herüber um zu schauen, was denn auf dem Etikett steht. Es war klar dass man beim Besuch der Königlichen Jagdhütte nur ein Getränk mit sich führt, das wahrhaft Württembergisch Königlich ist. Ein Bier aus der ehemaligen Königlichen Brauerei. Dem Gewicht der Rucksäcke war anzumerken, dass für jeden nicht nur ein Fläschlein zugedacht war. Dem Waldenbucher Getränkehändler Klaus Rebmann sagen sie postum nach jedem Plopp einen heißen Dank. Dass er dieses Bier in seinem Fundus führe. Soweit weg- von Oggenhausen auf der Ost Alb.

Schnell kommt man auch mit den Menschen in Kontakt und manches Wort flog hin und her, obwohl sich die wenigsten mit der Historie des Platzes auseinandergesetzt hatten. Sie schmausten die Vorräte ratzeputz weg. Dermaßen gestärkt und alle Papiertüten und leere Flaschen wieder in den Rucksäcken verstaut, gehen sie den Rückweg an.

Von einer Tatsache war er mehr als überrascht. Auf einem Wegweiser hinter der Hütte entdeckte er den Pfeil: Schloss Hohenentringen 2 KM. Er hatte sich vorgenommen, nach der Wanderung eben da mit seinen Begleitern zum Abschluss einen Kaffee zu trinken und den Blick über das Ammertal schweifen zu lassen. Bei allem Kartenlesen. Dies hatte er übersehen. Sie gingen nun beschwingt bergab. Auf einem langgezogenen Steig vollends hinunter zu Beckles Gartenhaus. Er nahm sich vor, zu ergründen, wer dieser Beckle war. Den Schotterweg säumen an den Rändern Elefantenohren und allerhand hohe Stauden. Ganze Alleen von Holunder Sträuchern. Und in wiesen artigen Ausbuchtungen der Waldkante, entdeckten sie die Schwäbische Orchidee, den Frauenschuh. Der Weg zog sich und die Sonne brannte. Jetzt wäre eine Wirtschaft nicht schlecht. Sie überlegten Bebenhausens Hirsch, mit den historischen Gaststuben in denen der König seine Gäste bewirtet hatte. Und in dem er einst einem adeligen Gast erzählt haben soll, dass der Adam kein Schwabe gewesen sei. Auf dessen ungläubigen Gesichtsausdruck geantwortet hatte: „das sei ganz leicht zu erklären": „Ein Schwabe... hätte Evas Apfel niemals gegessen, sondern ihn gemostet ..."

Solche Anekdoten machen den Weg kurzweilig. Und gehen dann tapfer am Hirschen vorbei, dem Auto zu. Dann erklärt er, wenn wir schon auf den Entringen nicht gewandert sind, dann fahren wir jetzt eben hin. Sie steigen ein und er fährt am Hirsch vorbei zurück und Steige hoch, Tübingen zu, um zum Heuberger Tor abzubiegen, Hagelloch zu und auf schmaler Straße zum Schloss Hohenentringen. Steigen aus, schauen ins Ammertal und freuen sich wie die Kinder. Schloss und Umgebung kannte Volker Bopp noch nicht. Der klare Tag lässt sie bis an den Schwarzwaldrand blicken. Felder und Dörfer sehen sie wie einen Flickenteppich vor sich liegen. Durchschnitten nur von Straßen. Eine die von Herrenberg nach Tübingen führt, und zur Wurmlinger Kapelle .

Sie setzen sich an einen der kleinen Tische und das lächelnd servierte Kännchen Kaffee und der Apfelkuchen waren nun Erquickung und Labsal in einem. Sie beschlossen spontan, dieser Ecke Schönbuch mehr Bedeutung zu schenken. Und auch der Tübinger Pfalzgrafen zu gedenken, die die Stadt dereinst, in alter Zeit, verkauft haben wegen ihrer Schulden. Nicht aber das Gejaid. Nicht um alles in der Welt, aber nicht den Wald.

Dann einmal in einem alten Weinlokal, bei den Gogen ein Viertele zu trinken, in der Universitätsstadt. Das wollten sie tun und natürlich den verstorbenen Herrn im Bart besuchen, den reichsten Fürst im Lande, in seiner Kirche. In die sie ihn, wie schon gesagt, vom Stift in Einsiedel endlich herunter gebettet haben. In seine Stiftskirche in Tübingen. Und dann wollten sie ganz leise an seiner Grabplatte das Lied der Württemberger singen... Und sich bald einmal, vielleicht schon im Frühjahr wieder zu einer Tour zu treffen. Vielleicht zur Kliff Wanderung, von Herrenberg nach Tübingen, über dem Ammertal. Aber nicht an einem Montag, denn da hat der Entringen Ruhetag, wie er selbst aus einer leidvollen Erfahrung wusste.

Aber das ist eine andere Geschichte.

Württembergs Hymne

Preisend mit viel schönen Reden
Ihrer Länder Wert und Zahl,
Saßen viele deutsche Fürsten
Einst zu Worms im Kaisersaal.

„Herrlich", sprach der Fürst von Sachsen,
„Ist mein Land und seine Macht;
Silber hegen seine Berge
Wohl in manchem tiefen Schacht."

„Seht mein Land in üpp'ger Fülle,"
Sprach der Kurfürst von dem Rhein,
„Goldne Saaten in den Tälern,
Auf den Bergen edlen Wein!"

„Große Städte, reiche Klöster",
Ludwig, Herr zu Bayern, sprach,
„Schaffen, daß mein Land den euren
wohl nicht steht an Schätzen nach."

Eberhard, der mit dem Barte,
Württembergs geliebter Herr,
Sprach: „Mein Land hat kleine Städte,
Trägt nicht Berge silberschwer;

Doch ein Kleinod hält's verborgen:
Daß in Wäldern, noch so groß,

Ich mein Haupt kann kühnlich legen
Jedem Untertan in Schoß."

Und es rief der Herr von Sachsen,
Der von Bayern, der vom Rhein:
„Graf im Bart! Ihr seid der Reichste!
Euer Land trägt Edelstein!"

Justinus Kerner

La Palma Briefe

Fragment

Weihnachts- email an Andy und Uwe nach La Palma, im Dezember 2006, als noch kein Flöcklein Schnee gefallen war.

Wenn man ganz früh am Tag den Parkplatz am Teufelsbruch verlässt und mit dem Profilsohlenschuh knirschend auf Schönbuchwegen geht, dann hat das schon etwas eigenes. So wie er es früher nie empfunden hat. Den alten Schlapphut tief im Gesicht, von dem die Helga sagt dass es ein Cowboyhut sei. So stimmt das aber nicht. Es ist eine sauteure Mayser Nachbildung vom Indiana Jones Hut. Und den er trotz heftigster Interventionen einer Dame haben musste, denn er tauge nicht für die Königstraße. Die Jacke saugt Nebelnässen und der Atem beschlägt die Brille. Er wendet sich heute westwärts. An der alten Triebeiche vorbei, an der der Hund einstens ein paar Elstern verbellte, als ihre Zeit noch jung war.

An der scharfen Waldwegkurve ist er öfters dem BulldogRoland von der Linde begegnet. Weil er zum spazieren fahren auf den Braunacker unterwegs war. Sie grüßen nur kurz und er geht zielstrebig weiter. Das Feld links liegen lassend. Nach oben ziehen sich die Gartenparzellen in denen er die Alten gesehen hat, die sie akribisch bemachen und bewirtschaften und auch zur Zeit das Fallobst aufklauben. Wahrscheinlich, weil sie es nicht anders kennen und schon als Kinder mit dem Bollerwagen losgezogen sind und es ihnen so gesagt wurde. Er wusste lange nicht, ob es das Dettenhäuser- oder Weiler Feld ist. Seit er mit dem Hund das erste mal abenteuerlustig und ohne Karte losgezogen ist, ist es jetzt merkwürdig vertraut. An den ersten Gärten vorbei und oberhalb vor den Zimmermann Gewächshäusern steht ein umgebauter Holzschober mit den Glasfenstern. Sein Besitzer hat sich wahrhaft verkünstelt . Ein Sitz im Hang. Die Horizontlinie ist verdeckt und gibt den Blick auf die Alb Berge mit der Teck, dem Neuffen und die Achalm nicht frei. An seinem Weg stehen Hainbuchen und Ahorne und Gebüsch als Waldkante wie eine Mauer. Die Sicht in den Nebelschleiern ist fast schemenhaft.

Ein Lächeln? Als seine Waldenbucher Zeit am Anfang und ein Thomas oder Julian die Begleiter, da sind ihm die Geschichten zugeflogen, die er ihnen erzählt hat. Um den Wald, das Feld als das zu zeigen, in seiner Natürlichkeit und Eigentümlichkeit. Zu beobachten und zu erwarten, ob ein Hase fluchtet, oder ein Reh ins Blickfeld tritt. Abenteuer Wald. Vor unserer Haustüre. Er steht wie gebannt und nimmt diese unwirkliche Situation auf. Er grinst still vor sich hin.

Wo ist das Planerfüllung-denken. Das

Situationsrechtferigungsritual. All die vergangenen vierzig Jahre für die Elektronikfirma. Himself, und da ist ihm auf einmal klar geworden, er ist ja sechzig, ein alter Seckel. Der Wind kommt in Böen, nicht stark aber wahrnehmbar. Und wie ein Spuk hat sich der Dunst und Nebel verzogen. Es ist der Tag an dem er später nach La Palma schreiben wird um ein email Lebenszeichen zu geben. Und mit Freude in zwei Skype Gesichter blickt. Weil der Containerabschied in Steinenbronn noch frisch war. Es gehen ihm wunderliche Gedanken durch den Kopf.

Der wenig begangene Weg führt nun kaum sichtbar weiter. Müdes Gras hat sich umgelegt und verdeckt wassergefüllte Traktorfurchen. Lässt den Träumer einknicken, bis er die Kälte merkt, als das Wasser über den Stiefelrand einfüllt. Der Lehmuntergrund saugt den Schuh unbarmherzig und es schmatzt, bis der Fuß wieder auf festerem Grund steht. Das Gegenwärtige ist der Gedanke, dass der Redefluss des Scheltens der Gefährtin das Maß der Dinge sein wird. Bei seinem Großvater war es ebenso. Er hat die Berge und Täler seiner Albheimat durchmessen bei jedem Wetter, Regen oder Schnee.

Es umgibt den Taleinschnitt der zur Totenbach-Deyle Besitzung hinunterführt eine fast Frühjahrsstimmung. Und neben einem Dezemberlöwenzahn steht eine Pusteblume. Als wenn sie sagen wollte, wo ist der Kinderthomasjulianmund, ungestüm den Stängel abreißend und die Fallschirme fliegen lassen.

Fast ungläubig sieht er die Pflanze am Baumstumpf. Umgeben von wenigen frischen Grasstängeln.

Der Obstbaum, es ist wohl eine Mostbirne. Weiß der Himmel was er für einen Namen er haben mag.

Es ist ein alter Baum. Seine Rinde rissig, blitzdurchfurcht und bis zu den ersten Ästen fast drei Meter hoch. Wie ein Mahnmal steht er da. Unterhalb der Gewächshäuser und vor dem Bauernhof und dem nun sich öffnenden Weiler Feld. Sie haben ihm alle Äste fast symmetrisch auf die Hälfte abgesägt. Warten Sie, dass seitliche Triebe junge Frucht bringen soll. Nächstes Jahr, oder Übernächstes? Das Erhabene des Baums lässt ihn innehalten. Einen Foto, jetzt einen Foto. Der Hang und der Himmel.

Der graue Schleier ist nun völlig verschwunden und hat einer fast diffusen bläue Platz gemacht. So in Richtung Walddorf. Und diese Bläue ist eine Aquarell bläue, wie man sie in Nasstechnik ganz leise trocknend mit Aqua Marin zieht. Brutal stehen die Schnitte der Äste in der Helle. Vielleicht zwanzig. In der Mitte dunkel und mit helleren Kreisen der Rinde zu. Wenn er noch Saft gehabt hätte! Schrei Baum schrei. Oder deckt sie die Kühle der Nacht. Oder ist das Geflecht ausgelegt, dass nach dem Frostwinter Triebe zu kleinen Ästen aus der Rinde brechen? Im Weitergehen merkt er, dass er sich ab und zu umdreht. Fast erschreckend, solcher Regungen fähig. Habe ich so schnell den Hebel umlegen können?

Und anderes ist erinnern, der Hund. Aischa, wie sie auf den Wiesen schnüffelnd den Duft einsog. Der ihr so mehr erzählt hat als das oberflächliche Auge wahrnahm. Schon gar das des Menschen, der sie mitnahm. Und der so gerne Waldläufer gewesen wäre, rund um den Schönbuch. Von dem das Bilderbuch Deutschland erzählt hat und dessen Kassette ihm eine merkwürdige Vertrautheit mit den Menschen dieser Heimat zeigt.

Altweibersommerlicht

Hallo Ihr Lieben,

strahlendes Altweibersommerlicht, lässt erinnern zu. Wie oft ich schon am Teufelsbruch gehalten habe, mit der Aischa die Schönbuchwege gegangen. Oder drüben auf der anderen Straßenseite dem Ochsenschachen zu. Oder hinab ins Schaichtal. So werden aus Gedanken Bilder und man taucht ins erinnern. Nebelige Wege sind es, oder sonnige, gedankenschwer, oder leicht. So eben wie es ist, Situationsabhängig. Und fröhliche Stunden sind einem die bewahrenswerteren als die anderen. Oder wie ich jetzt im Oktober 2008 mit Bildern nacharbeite, was 1998 in die Kladde geschrieben war.

Wieder dieses Altweibersommerlicht und Sonne

wärmt den alten Rücken und doch noch jung und acht Jahre vor dem Karle, der nächsten April seinen siebzigsten feiert, oder der Erich im Juni den achtzigsten. Weg, Strecke, Ziel. Manchmal zwicken im Gebein, wenn der Weg weiter war, als sonst. Mein Grinsen. ©Raubtier Tag, was willst du von mir. Sinngebendes tun, oder blasphemische Allerweltsroutinen? Aneinanderreihen von Zwängen, oder mutige Kreativität, was lässt der Tagesablauf zu? In Momenten wie diesen -Raubtier Tag- ich begegne dir! Mit der elektronischen Kamera einfangen Momente, die in späteren Tagen gedankenverblasstes wieder fokussieren. So soll es für Dich ein kleiner Gruß vom Braunacker werden. Von dem in einer alten Waldenbucher Chronik steht, dass es eine Brandrodung war. Und vor der Waldweide, um den Tieren Futter und den Menschen Streuobstwiesenmost zu schenken. An dem seitlich schon der alte Goethe auf dem Weg nach Italien vorbeifuhr, und der auf den Schönbuchhöhen „einzelne Eichen auf der Drift" gesehen hat. Und dies in seine Reisetagebücher notiert hat. Während die alten Waldenbucher Altvorderen ihre Schweine und Kühe in die Waldweide getrieben. Und Laub geholt hatten für die Einstreu im Stall.

©Margarete Hannsmann, Gedichte

Unwetter im Killertal

Während ferne aufschäumende Cumulustürme Wetterwolken und Gewitterstürme ahnen lassen, ist der Waldenbuchhimmel bläueschimmernd und 29 Grad Hitze wärmt . Gedanken flirren mit der Vorsommerhitze und lassen Schafskälte ahnen. Unbeindruckt stehen die Schönbuchhöhen im Spätfrühlingslaub und über den Häusern, weite Kreise zieht die Weih. Nicht erkennen lassend, ob es ein schwarzer, oder roter Milan sei. Trotz beginnender Genickstarre folgend dem Flug. Kreise, weiter und höher ziehend. Schwerelos, scheinbar. Sehen die scharfen Augen auch den Gucker? Der neidend sich mit aufschwingen wollte. Weit über Baum und Gehöft den Blick treiben lassend. Dem Ziele zu. Nicht definiert. Fort und fort.

Wie in Träumen, die dies ermöglichen und gleichzeitig ängstigend zugleich der Absturz, schneller und schneller rasend dem Boden zu. Aufstellend aber die Schwingen den Aufprall vermeidend, keuchend stehen und schauen.

Und wieder aufschwingen und gleiten und sehen, all das Grün und Laub und wie Bleistiftstriche Straßen winden sich, den blauen Bergen der Alb zu. Höher gleich Schneebergahnen die Gletscher der Schweiz. Über dem Keilschwanz des Greifs der Kondenzstreifen und silbermückengleich davor der Flieger. Richtung Süd steuernd und von sicherer Lotsenhand geleitet, zielgesteuert. Flieg

mit Gedanke, und denke an sie, palmaweit, wogen-
umrankte Isla Bonita …

Hinter Hechingen räumen sie Schlamm und Dreck
und Schutt weg, weil das „Killerbächle" zum Strom
anschwoll und alles mitgenommen. Autos und
Dreschmaschinen und dem Metzger seinen Laden
und dem Schreiner seine Werkstatt, mit lehmi-
ger Brühe verwüstet. Und in Wohnzimmern mit
schlimmer Gewalt das Sofa aufgehoben und zum
berstenden Fenster hinausgeschwemmt hat, den
Sessel und Fernseher gleich hinterdrein.

So haben jetzt Schulklassen freibekommen um
den Versoffenen zu helfen, aus- und aufzuräumen
und in Containern zu entsorgen.

Sechzig Liter Wasser auf den Meter sagen die
Meteorologen. Und Versicherungen sträuben
sich- und prahlerisch zugesagte TV-Sofort-Hilfen
des Landes, seien zinslose Darlehen. Wartend, des
nächsten Bröllers, angsterfüllt, die Menschen dort-
den der Klimawandel bald bringt- oder Sturm. So
sagen sie. Kalkofenwaldenbuchsteinenbronner,
gnadenweise hochgebaut, sehens mit Erleichte-
rung. Und danken's den vorausschauend gebauten
Rückhaltebecken, Schönaich zu, daß ihm Städtle
bei uns mit sowas kaum zu rechnen sei.

Und wieder türmen sie sich, dem Schwarzwald
zu. Dampfgebilde, stratosphäreschießend, schloh-
weißdampfend im Blau.

Wiesenbunt, hat der Kreiselmäher zum ockergelb

des Bodens gelegt. Dass nun trockne das Gras und zu duften beginne, Heuduft. Schritte, die den Braunackerweg gehen. Und achtend, nicht aufs Heu zu treten, während die Autoreifen vom Kronenwirt darübermahlen.

Werden und vergehen, der Kreislauf. Heu für wen?

Streikende Bauern schütten die Milch in Gräben und Gullis, 43c Preis klagen den Aldi und die Molkereien an, 8zig müssten sie haben, um zu leben.

Um trotzdem den Zweihunderttausendmarkteuren MB Truck zu kaufen. Vollklimatisiert. Und den Kronenanhänger und den John Deere.

Mags gehen, wies will. Barell Oil Preis und Eineurofünfzig für den Liter Diesel.

So steht die Karre halt, und Pedale treten die Radräder, auf den stillen Wegen der Ostalb. Rigipsplatten decken das Nordischfichtezimmer und nichts sagende Raufasertapete wird helles weiß sehen.

Aber die Aquarelle der Wacholderheide warten des Pinsels, und Fließtechnik lässt einmalige Stimmungen und Licht der dortigen Landschaft leuchten.

Aprupter stopp der Gedanken und eilige Rückfahrt: Angina Pectoris und Fieber- keucht die Gefährtin ins Telefon. Arzt sagt, sie soll essen, Tee und Zwieback und Fisch und Gemüse. So geht's bald aufwärts- himself.

Und so geht's am Sonntag wieder zurück, obwohl

am 5. Juni nicht das Ritterstüble geplant war. Ganz allein wollte er übers Land crusen Generalkartensträßchen nach Augsburg. 62 jahrlang die Fugger verpasst. Diesen wollte er nachspüren, und schlendern und genießend und das Städtlein Augsburg. Das Rathaus mit den herrlichen Sälen, die Fuggerei. Abgeschnitten ist die lange Mähne, den Dreißigzentimeterzopf – ihr verehrt??!!

Und nun 1,5cm Stiftleshaar. Anblicksurreal der Riebeleskopf. Monetgleich, den er einmal in der Kunsthalle Tübingen mit Ölkreide portaitiert hat.

Lass ab, lass ab- der Wünsche viel …

Mit dem Sohn Julian Fußballemkucken. Heute Espāna!

Dank Dir für Deine Geburtstagsgrüsse. Sie kamen rechtzeitig- meine Freude- und mein Lächeln- Dir.

Dafür.

Waldenbuch Aufschriebe

der jahre fluss

der jahre fluss dahin
erleben sie mit freud'
darin annehmen glück und leid
weiter nur weiter
mit der zeit.

Am Karle seim Geburtstag

Oine von de erschde Erinnerongá an Waldábuech war a Einladong zom Fuffzigschda vom Ochsa Delle ins Rössle.

Nach em Kaffee em gemietliche Doal hen se Gedichtla vortrage. Dass es jetzt ágangá dät, dr Reißmadeiß käm oond Zähne rausfallet. De jonge Mädle em Bus aufschdandat oond oim da Platz ábiedá dätet. En jede Hos an Schpickel neisetzá mueschd. Ond nau hat ´d Wägners Lina a ganz alts Waldábuechr Gedicht- das ich als Copie von ihr bekommen habe- vortragá.

Jetzt loset no:

en d'r Eil'

s' isch' am Sonndigmorga gwae
s' hat voarich s'andr glitta,
kasch d' Marie en dr Kuache seah,
de fleissigschd, obeschdridda.

Se schdod am Heard em Werdichhaes
ischd no ed kämmd ond gwäscha,
au d'Schua send no ed' sonndichsgmäß
d'Hend voll Ruass ond Äscha.

Dr Krauthaf hanged scho em Loch,
Grombiera, koane kleine,
dass ja des Zuig siad ond kocht
legts no drei Scheitle eine.

So jetzt isch' abr haichschde Zeit
wenn's no end Kirch soll langa,
schnell d'Haar nuffgmacht ond Zöpf romglait
mit Nodla ond mit Schbanga.

Da Kaschda uff, schwarz Kloidle raus,
drenai wies heilig Feuer,
am Hedschich gugged Fengr raus,
des Glomp isch au so deuer.

Dass en dr Eil dr Neschdl bricht,
des isch ja selbschdvrschändlich,
gugg, wie dr Zorn des Weible schdicht,
se bruddled, wiaded. Endlich.

Jetzt schdad se do em Sonndichschdaad
hairt ma scho zammaleuta.
nemmt schnell a Opfr aus dr Lad
onds Gsangbuach fromm and Seita.

Doch wia se gau will, fällt ras ei,
Dr Speck muas no ens Kräutle,
sott em elfe koched sei,
sonscht schilt ihr altr Gscheitle.

Drom nix wia's Beneschdiagle nauf
ond Rauchfreisch ra vom Schdengle.
faschd gaht deam Weible aus dr Schnauf
so sauet se durchs Gängle.

Da Deckel weg ond nai ens Kraut
ond naus zom Haus wie gfloga.
ond nai end Kirch,- mr sengt schau laut-
ond Gsangbuach rausgezoga.

Was isch denn dees? O liabe Zeit!
o Marie, was hasch denn gschaffed?
faschd isch se ondrn Baak nagleit,
weil älles nach r gaffed.

Liebr Heiland guck, au' ra,
dees isch a Gschichd, a domme,
ees Kraut hat se's Gsangbuach doa,
da Schpeck en Kirch mitgnomma.

Wia kitteret älles om se rom
dia Weibr ond dia Mädla,
s'ganz Örtle lacht sich lahm ond kromm,
vom Gsangbuach-Krautsalätle.

schwäbische mund.art e.V.

Donnerstag, 24. Februar 2016 um 19:00 Uhr

8. Stuttgarter mund.art Stammtisch in der Brauereigaststätte Dinkelacker Tübinger Str. 46 in Stuttgart

In Carls Braukeller

Dr. Wolfgang Wulz stellt den Verfasser wieder als „dritta em Bunde" sein Landsma, Gnöpfleswäschr und Waldābuāchr Chronist vor.

mund.art Beitrag des Verfassers:

nach dene luschdige Versla und Gschichtla meiner Vorredner han e Euch heut amal ebbes ernschthaftrs mitbrocht aus meinr Schokladstadt, s isch zwar scho a paar Däg her, abr loset halt amal:

Wia sei Waldbuāchr Heiland glached had

scho seid viele Johr isch es ehm a Freid gwä, en dr Adventszeit nuff'z gau end Schdadkirch, on's Weihnachtskonzert vo d'r Musikschual āzhorchād. ,s isch oifach schee, wie dia kloine Kendr mit soviel Freid ond Āgaschmā auf ihre Inschrumendr schbielad. Au de groaße. Ond ganz bsondrs s Lehrerāsābl, ond d' Frau Schreiber-Gugel auf dr Querflet.

So had ,rs nau āu 2014 gmacht. Hat sein Mandl ādoa, da Schal nach d'r nuimodisch' Art bonda, sein Huat uffgsetzt, d Walddorfrstroß firre drabbt, isch an dr Schadmiehl nomm, , ond Schdaffl nuff.

Wie'r nei isch end Kirch, war scho a reachts Gschnadr. Anoraks ond Mitzla, send toilweis auf'm Boda romgleaga oder end Beek nāgschdopfd gwea. So hald, wia drhoim. ,z Kammrmusikāsābl hat da Afang gmacht: Mendelsohn Andante religioso.

Blockfledā ond dees senga von de Kloine: Schneefleckchen, Lasst os froh ond mondr sei'- ond nadierlich am Zuckowski sei Weihnachtsbäckerei. (Sind die Finger rein ?)

So isch oi Hehepunkt nach am andrā kommā. Dr Schdreicherkreis, dr Nicolas mit Memorys.

,s Querfletāāsābl „Mozart" ,ond sicher ā echter Hehepunkt Robin Kayser, J.S. Bach Sonate h-moll vo dr Orglempore. ā Genuss ohnegleichā.

Ebāso, d' Frau Rädel ond s Musikschulorcheschdr.'r

had während dene oizechte Vorfiehronga emmr wiedr nieber guggd zo seim Heiland. Vis a vis an dr Waad. Der isch ällaweil so bewegongslos dôghanged, ond s isch ‚m vorkomma, als obr emmr wieder die Daflbildr vo dr Empore aguggd had. Nau had ‚r sich Gedanka gmacht, woher dees wohl komma mãg, an dr Musik kãs ed glega sei, ond dia viele Kendrlã hendn beschdimmt gfreit. Also d Musik?

Alde Moischdr. Wien? Leipzig?

Wier so denkt ond hiernãt, a neuer Programmpunkt. Dr. Andreas Rust schdellt eine Saz vor eine Langhalslaute. a' *bağlama,* mid deam ellalanga Hals!

Nach de erschde Akkord- wurd's ehm ganz ãusãlig. Des klingt ja wiã türkisch, arabisch en seinrã Kirch. Waschd au dees. Ond wier jetzt zo seim Heiland nommguggd, ond grad no saga will, ja was isch denn dees fir a Gedudl- nau siehtr sein Heiland iebsrs ganze Gsicht lacha. r moint faschd, r meeg raschdeiga ond end Heed batscha, vor Freid. Dees sei vielleicht am End grad dui Musik gwea, dui wo se bei dr Hochzeit in Kaana gschbielt häbet. Ond diea vrschleirte Mädla dãzet häddad, barfieasig em Sââd.

Ond nau had r beinah gmoint, wier zuem said: „Älles reachd, was'r zwoidaused Johr lang komponiert hand. Älles recht. Abr jetzt ben e gschwend drhoim gwä- Ond der Endres der ka schbiela, reachd kommod". Nau had sich sei Waldãbiachr Heiland wieder nomm dreht und hat, wie r moint, wieder seine Taflbilder āguggd. Ond vielleichd had r au no a bissele am Dr. Hartmut Rohse zuglosäd, ond seim Rückblick ond Ausblick.

nau had r nomal zo seim Heiland nommguggt ond em schdilla gmoint, dass r ehm heit a reachda Lektion erteilt häb.

Scho au em Hinblick auf dia, dia jetzt kommed. Ond dia ma aufnehma sodd, obwohl se no koin Bach, Mozart, oder Mendelsohn kenned. Au edd am Holdrschdrauch.

r had no mid deam, oder sellanr gschwätzd. An Schei en s Kerble doa. Nau hadr draußa sein Huat uffgsetzt, da Schal wiedr nach d'r nuimodisch' Art bonda, ond isch langsam ond faschd a weng adächtig wieder d Schdaffl na, an der Schdadmiehl vrbei, seinra Hoimet zua.

Ond häb' dees erschd a halbs Johr schbädr uffgschrieba, obwohls ehm emmr no a wenig owirklich vorkommt.

Nachtrag: Kruzifix Holzschnitzer: Name unbekannt Das Kruzifix sei während des dreißigjährigen Krieges in Waldenbuch aufgetaucht, aber nie mehr abgeholt worden ...

mund.art stammtisch 10.05.2017
Carls Braukeller Brauereigaststätte Dinkelacker
Tübinger Str. 46, Stuttgart
  Mundart Beitrag Herbert Demel Waldenbuch
Godda Nobich mitnandr
  I hann eich heit' a Kurzgschichtle mitbrocht,
also a kurze Gschicht.

Mir machet älle mitnandr heit gschwend an kurze
Bsuech bei mir drhoim-
....
Also virtuell
......

nach meim Dagwerk Gschäft sitz e geschdrn saubr
gwäscha auf meim Chaisselonge ond iebleg mr was
e eich heit Obend vrzehl. nau blättr e meim Biechle
vies a' vies auf am Flachbildschirm ziehet se grad a
Friehlengswies auf, ond ma sieht Leit die sich bug-
ged ond ebbes sammlet.

I denk, ha des passd ja grad zo meim Büchle zur
Fernsehküche.

mit am erschda frialengssprießa wiesaweit sammelet se lewazah, spitzwegerich, geesbleamla, borretsch, kümmel, pimpinelle, kerbel ond saurampferglück en da korb ond übr dr schweizerstroß dromma brennessel und bärlauch für d supp weil's der vincent klink tv'lich verkündet und mit sahne sonntäglicher gaumengschmack explodiera soll ...

ond dann schnitt/

es erscheint ein weibliches weibsbild a badnere se hoist Natalie Lumpp „a sommeliere" dui guggd da vincent klink von dr Seite a ond wiederholt ...
        ...
    dass mit sahne sonntäglicher gaumengeschmack explodiert..
    wenn ma en badische gutedel häb.
    beim Hades! aberau.
    des gibt's doch ed, denk e...
    des haschd doch aber du gschrieba- ond do schdads au, schwarz auf weis- en dem büchle....

Hades Hades Hades

ond plötzlich gad mr's auf:

na klar, Hades!

mir wirtaberger send doch au ed auf dr brennsupp drherschwomma:

ond bei ons hats gwiß nobleachte qualitätsweigü-
ter:

H: wie Haidle
A: wie Aldinger
       oder Graf Adelmann
D: wie Daudel
E: wie Ellwanger
S: wie Schnaithmann

einem inneren impuls folgend ben e kellrtrepp na-
dabbt
en gewölbekeller mach kelldüra auf
greif rechts ens regal nei- halbhöhenlage
ond zieh des fläschle raus:
Wentrbächer Hongrberg vom Ellwanger
gang wieder nauf
ond nemm des stielgläsle i zieg da pfropf
lass en des gläsle nei
dreh des glas, ond hebs geges licht.. das glas weint..
schdeck nas nei ond schmeck die aromá..
ond i schlürf ond schmatzge
ond lass n um zong romlaufa

ond nau han e gwisst, dass dr Goethe ed blos a
mondscheinpoet war:

**...und mich erfasst, ich weiss nicht wie, himm-
lisches Behagen...**

.....
Mir send wieder em Carls Braukeller ...
....
ganz onder ons:
mei Empfehlong an sie:

wenn se zufällig aus dem Büchle dui Supp nach-
kocha welled...

...Se misset sich ned obedengt an dui Weiempfeh-
lung vom Fernseh halde-

! beim Hades edd!

Frühjahr auf dem Braunacker;
Streuobstwiese bei Waldabuach / Foto H Demel

obstbaumblüte

milder wind
hat knospen
aufgerissen
weiße und rosa blüten
springen
winterstarr
der sonne entgegen
streuobstwiesenbaum
lock
bienen und hummeln
und lass
dem betrachter das
frühlingswunder

Silvester 2012 Altjahrabend

Gestern hatte er noch zu der Gefährtin gesagt, dass er beizeiten zum Gebauer nach Bonlanden fahre. Einzukaufen. (Weil er seine Bestellung beim Binder vergessen hätte) Der Sohn hatte sich angesagt, Julian, der im Hochhaus zu Waldenbuch residiert und sich dieses Jahr ohne großes Aufhebens eine Eigentumswohnung gekauft hatte. Dieses Jahr. Ein Einzimmer Appartement. Er käme an Silvester gegen 18:00 Uhr. Dass beide dann ein Raclette wollten, begeisterte ihn nicht sonderlich. Weil ein Raclette ihn grundsätzlich nicht sonderlich begeistert. Einerseits der ewigen Vorbereitungen, dann der Einkäufe wegen. Man schicke ihn immer ohne Geldbeutel weg, was er überhaupt nicht lustig findet. Gut, die Gefährtin ist dann für die Dekoration da. Die sie recht ansprechend zu gestalten weiß. Auch die Wohnungsdekoration mit all dem unerschöpflichen Nippes, wie er es nennt. Alles trapieren und vollstellen. Abzustauben und ewig zu putzen. Das wäre dann seine Aufgabe, seit er seit sechs Jahren Pensionär ist. Er nimmt das alles an und sogleich und zum Spott, führt er einen elektronischen Termin- und Aufgabenkalender. In den er penibel all die Verrichtungen im Zeitmanagement einträgt. Auch seine zweimaligen Besuche Waldenbucher Stammtische in der Woche. Die aber jedes mal mit einem sappermentsmäßigen Gegrummel kommentiert werden.

All diejenigen die zum Raclette kommen sind dann mehr, oder weniger pünktlich, oder einfach da. Und es ist alles gerichtet. Und sie müssen sich nur hinsetzen. Wenn man sie kommen sieht, schreit sie aus der Küche: „du kannst jetzt einschalten". Und das tut er dann auch noch. Denn das Verlängerungskabel ist vorher natürlich stolper sicher, wegen manchmal unvorhersehbarer tölpelhafter Möglichkeiten, relativ sicher gelegt. Manchmal sogar mit einem breiten Klebestreifen sicher überklebt. Ach so, warum er auch keine Raclettes mag, der Gerüche wegen, die sich tagelang nicht aus dem Esszimmer vertreiben lassen. Trotz vielfältiger Lüftungs Versuche.

Diesmal aber hat er sie gelinkt. Beim Stöbern durch den ALDI hatte er Duftöle entdeckt. Und weil die Gefährtin nicht nur einen solcher Mieftöpfe in ihrem Fundus versteckt hat, sondern drei, hat er alle miteinander in Betrieb genommen. Winterdüfte. O Seligkeit, Tannenduft und Winterwald, Schneeblumen und Reifgedanken. Nicht zwei, oder drei Tropfen. Nein, zehn manchmal ein wenig mehr (die Konsistenz ist eher Discounter konform nicht wie im Fachgeschäft) - das geht gewaltigst gegen den anderen Gestank an und überdeckt ihn nach einer Viertelstunde. Besucher meinen zwar, es rieche wie im Puff. Das nimmt er aber nicht ernst, weil er sich bei dem jeweiligen Besucher nicht vorstellen kann, solche Nuancen aus eben solchen Etablissements zu kennen.

Natürlich hat er an diesem 31.12.2012 total verpennt und ist erst gegen 8:45 Uhr total entsetzt aus dem Bett gekrabbelt. Wenn es pressiert, Ruhe bewahren. Nach einer ausgiebigen Dusche mit Schwarzkopfs MEN Duschgel, und der Reinigung und Massierung aller notwenigen Gliedmaßen, Erscheinung im Frühstückszimmer. Aber es ist kein Mensch da. Da brüllt er in den Saal: Jetzt passiert das gleiche wie in Texas! ...und hat seinen Kaffee selbst gemacht. Fünf Scheiben Zopf herunter geschnitten. Die Butter bereitgestellt und die Marmelade. Weil er weiß, daß sie das nicht mag. Hat aber dann doch für zwei gedeckt. Während der Kaffee durch die Maschine lief, zum Briefkasten gegangen und die Stuttgarter Nachrichten geholt. Jetzt hört er ihre Schritte. Statt einem fröhlichen guten morgen, sagt er nur:

„Heute ist niemand rechtes gestorben, da haste den Sport", denn da stehen seit Jahr und Tag für ihn total unverständlicherweise die Todesanzeigen drin. Verschlafen steht sie vor ihm. T-Shirt, Leggins und in den goldenen Glanz Schlabberschuhen. Was ihn maßlos ärgert – nein nicht wie sie aussieht, sondern weil er dem Chefredakteur schon seit langem eine schallern wollte,- Todesanzeigen gehören seiner Ansicht nach in den Stadtteil, die lebenden und auch die toten. Es aber nie getan hat, also das mit dem Redakteuer. Er kann sich jeden

Tag darüber aufregen. So dass ihm beim Aufschlagen dieser Postille tatsächlich etwas fehlen würde, wenn es anders wäre. Todesanzeigen im Sportteil!? Dann gibt er ihr einen Kuss. Ritual, jeden Tag. Sie setzen sich an großen Küchentisch von IKEA, von dem sie immer sagt, dass er ihr zu klein wäre. Er macht das Maß voll, bricht ein Stück Zopf ab und tunkt es gemütlich in die Tasse um ihn dann halb schlürfend einzuatmen. Was ihm einen strafenden Blick seines Gegenübers einbringt. Und es tropft heute nicht! Ha! Noch sagt sie nichts.

Sie lesen die Zeitung fertig. Am Ende sieht das Blatt aus wie ein zerflettertes Papiergewurschtel und er fügt die Seiten chronologisch aneinander und faltet sie nach den Rubriken. Dann besprechen sie endlich den Einkaufszettel. Sie nickt. Er ist entlassen und wird wieder -ohne Pinunzen- auf die Reise geschickt. Öffnet mit der Fernbedienung das Garagentor und verlässt, wieder mit einem Küsschen und einem fröhlichen Tschüss das Haus. Zieht die Haustüre hinter sich zu. Dann schnauft er tief durch.

Einkäufe vor Feiertagen, oder aber Samstags, erledigt er gezielt immer frühzeitig. Möglichst bei Öffnung der Geschäfte. Die unbehelligte Frische der Ware ist ihm lieb. Und er hasst nichts so sehr, als fremde Hausfrauenhände, die ausgerechnet den Salat betatschen und drücken, den er über ihre Schulter schon für sich ausgewählt hat. Er ist nicht der selbe Salatgrapscher und wieder hineinleger. Er lenkt durch die die Bahnhofstraße, über die Brücke und an der Burkhardtsmühle hoch, Richtung Plattenhardt, dann im Kreisel rüber nach Bonlanden. Natürlich sind alle Parkplätze belegt und tatsächlich, oben auf dem Parkdeck fährt einer weg. Uff. Er holt den Einkaufswagen mit dem Plastikchip. Wie alle Warmduscher. Und geht rasch durch die Halle zum Eingang des Marktes. Er liebt strukturiertes Einkaufen! Wer seinen Markt kennt, weiß um die Anordnung der Regale. Und so schreibt er den Einkaufszettel. In rascher Folge und möglichst ohne unnötigen Aufenthalt gestaltet sich der Einkauf.

Das ist für ihn kein Bummel. Und schreierischen Sonderangeboten geht er tunlichst aus dem Wege. Dieses Verhalten bringt ihm aber von der Gefährtin kein Jota Anerkennung. Vielmehr Tadel und Unverständnis. Für sie ist ein Einkauf ein unermesslicher Genuss in reizüberfluteter Umgebung. Ständig dieses oder jenes begehrenswerte Grimsgramsgeschnatzel unkalkuliert zu erhaschen und im Wagen zu deponieren. Und gleichfalls, quasi -multitasking, ständig Ausschau nach Bekannten und Freunden zu halten, um mit diesen zwischen den Regalen einen ausgiebigen Tratsch zu halten. Er hat sich inzwischen angewöhnt, sie zu ihren Einkäufen zu fahren und im Auto zu warten. Was aber im Winter ziemlich unangenehm ist, wenn er nicht den Motor mit samt der Heizung laufen lassen will.

Er arbeitet seinen Zettel ab. Die Salate mit

Schwung. Gott sei Dank steht keiner davor, und er bringt, nicht ganz ohne Schwierigkeiten, einen feuchten Endivienkopf in diese blödsinnige Plastiktüte. Die weiteren Beilagen ebenfalls. Und er findet auch relativ schnell die Nummern für das Auswiegen mit den entsprechenden Bildchen am Display der Waage, die das Produkt narrensicher anzeigen. Mit Schwung quer durch die Halle zur Fleischtheke. Brav zieht er am Automat seine Bearbeitungsnummer. Wundert sich erstaunlicherweise nicht, dass fünfzig Kunden vor ihm sind. Gebauer in Bonlanden war letztes Jahr bester Edeka Markt bundesweit. Und sie gehen eigentlich nur dann öfters hin, wenn der Einkaufzettel sonst zwei oder gar drei Geschäfte notwendig machen würde. Hier bekommt man alles. Ansonsten gehen sie doch in die Geschäfte ihrer Stadt. Er stellt sich an ein Regal und schaut dem Treiben zu. Eine gewisse Gereiztheit der Menschheit stellt er fest. Er ist irgendwie froh, dass er seine Gefährtin zu Hause weiß und notiert in ein Blöcklein Stichworte und Empfindungen. Für seine Lyrik, oder Prosaanwandlungen, die ihn dann und wann überkommen Und die er dann mühsam in den Laptop klappert. Dann wendet er sich seitwärts und entdeckt, Potz Blitz, eingeschweißte Schweinefilets zum halben Preis. Nachdem er sie selber pariert, gibt es keinen plausiblen Grund dieses Angebot nicht zu nutzen. Zumal sie es ja heute Abend verspeisen und niemand etwas merkt. Als dann nach zwanzig

106

Minuten Wartens seine Nummer aufleuchtet ist er ganz entspannt und sehr zufrieden mit sich. Er legt sein Schildchen ins Körbchen und wird von der Verkäuferin mit einem freundlichen guten Tag und sogar mit einem kleinen Lächeln begrüßt. Er lässt sich ein Stück Deutsches Rinder Filet bepreisen, wählt ein anderes, billigeres Argentinisches und fügt seiner Bestellung die restlichen Posten seines Einkaufszettels an. Auf die Frage, ob es noch etwas sein dürfe, antwortet er freundlich aber bestimmt, danke sehr für heut' ist es alles. Und erwidert das Lächeln. Dann nimmt er das Päckchen und legt es in den Einkaufswagen. Sie ruft noch: einen guten Rutsch hinterher. Er nickt nur und setzt dann seine Einkäufe fort. Steuert dann zielbewusst die Kasse an und zahlt letztlich Karte. Nimmt beim Bäcker noch Baguettes mit, dann fährt er nach Hause. Unterwegs weiß er, das er die Pilze vergessen hat. Verdummi.

Sie wird sie dann bei Lidl bekommen und sagen, dass das nicht „die" Qualität wäre.

Davon ist er allerdings nicht zu überzeugen. Weil- nach Brazlers SWR- Gedönse- man sich eigentlich den ganzen Schmonzes im Garten selber anbauen müsse, um zu wissen was man esse. Aber mach das mal im Winter. BIO aus China, oder halb Europa erfüllt ihn mit Schaudern. Ebenso die ständigen Verniedlichungen der bayerischen Verbraucherministerin Frau Aigner. Die er ansonsten von sonntäglichen BR Stammtischen recht sympathisch findet. Wenn ihre ganzen Beteuerungen nur auch Verbraucher gerecht würden. Und sie den Einflüsterungen der Lebensmittelgroßindustrie und den vielen schmarotzenden Lobbyisten Berlins rechtzeitig widerstanden hätte. ...Beziehungsweise ihre lange Heerschar der Staatssekretäre und Hauptabteilungsleiter.

Das Begrüßungsritual ist wieder ein Küsschen. Ja du bist aber schnell wieder da. Darauf antwortet er aber nicht und macht sich vielmehr freiwillig an die mannigfaltigen Vorbereitungen des Raclettes, bevor man ihn mit galliger Stimme dazu auffordert.

Dann sagt er aber doch, am Dienstag räum ich den Baum ab. Und verschwindet in der Küche. Der Sohn kommt um sechse, und sie ruft aus der Küche, „du kannst jetzt einschalten". Die Platte wird bald heiß und sie sitzen um den heißen Stein und brutzeln ihre Filetstücke und schieben die Pfännchen mit dem Käse und Kartoffeln und Rosenkohlstücken unter die Grillschlange. Die Saucen, diesmal nicht handmade, sondern aus den Flaschen. Kraft seis gedankt. Und sehr darauf achtend, dass sie Julians High Pepper oder das Chili Teil nicht erwischen. Es schmeckt sehr gut und gegen Zehn Uhr sind Fleisch- und Pilze Stücke restlos vertilgt. Für die Gefährtin und ihn war eine Flasche Ellwanger Trollinger aus dem Remstal ein fröhlicher Begleiter. Der Junior verabschiedet sich schnell und trocken zum abfeiern und Raketengeballere nach

Echterdingen. Sie räumen gemeinsam das ganze Gelumpe ab und sie füllt den Spüler. Dann sinken sie auf die Chouch und er schläft sofort ein. Der Fernseher läuft ohne sie. Gegen zwölfe ein mords Getöse. Er wird wach uns sieht sich von einer Million Menschen umgeben. Er ist plötzlich TV'lich in Berlin, auf der Straße des 17. Juni und flugs vor dem Brandenburger Tor. Keine Gewalt und Randale. Die Berliner feiern fröhlich. Dann holt er die obligate Flasche Sekt. Schenkt ein und als es dann soweit ist, wünscht er der Gefährtin ein gutes, neues Jahr. Das alte, mit dem Tod der Mutter und dem Pflegeheim hat Spuren hinterlassen und die brauchen Monate bis sie heilen. Er nimmt sich schwer vor sich dieses Jahr nichts vorzunehmen. Nur das eine: Jetzt macht er halt weiter den Kasper. Ist für alle da. Stellt seine Bedürfnisse und Wünsche wieder ganz hinten an.

„Noch eine Weile ertrag ich's und wenns dann nicht anders wird „dann passiert das gleiche wie in Texas"...

Oder er jettet wirklich nach New York- aber das kennen Sie ja schon.

scheana aussicht

dooschdblick
zur achalm
albberg
blickvrschdeckd
flecka, heisr
gärtla
mäandrnde weag
millionajohraldr
muschlkalk
wassrarme höha
abr kundschdreich d' köpf'
landschafd
wacholdralb

Parkplatz iebr Neckartenzleng

Wenn da svtr.
Klassáschbrechr wirschd

Bei allen Einladungen zur Klassenpflegschaft der Eltern in die Oskar- Schwenck-Schule war es ihnen ein Anliegen, beide, also Sui ond Er, anwesend zu sein. Mit dem Nachteil allerdings, dass man Ehn auch gleich zum Schriftführer postuliert hat. Er tuts zähneknirschend. Aber der Verfasser weiß nicht, ob es in anderen Flecken auch usus war, anschließend, also alle, einschließlich dem Schulmeister/in, in der Krone beim Walter und der Sofie den Abend ausklingen zu lassen. Meistens bis um Einse.

Nachdem doch nach einem deftigen Mal auch noch 3 bis ein Viertel verkostet wurde, kam man nicht umhin auch Witze oder Verse zum besten zu geben:

(getragen gesprochen, von einer dem Verfasser
bekannten Lehrkräftin)

„sie trafen sich bei der Linde, dann gingen sie
in die Laube! sie war das Gewinde,
und er die Schraube"

jeder wois no oin:

der Monteur bringt den neuen Kühlschrank
fragt er die Hausfrau:

soll ich den alten gleich mitnehmen?
sagt die Hausfrau:
an kleine Moment,
ich muss erst noch den Koffer packen.

oder die Schwäbische Fruchtfolge: wuala,
schbara, schderba

oder die Schwäbische Lebensmaxime:
weidr v'rerba
als ma' g'erbt hat!

Damit der geneigte Leser aber immerhin auch etwas von der Ernsthaftigkeit der Sachlage ersehen kann, ein kleiner Auszug aus dem Fundus:

Protokoll

Verteiler.		Name:	Herbert Demel
		Telefon:	
Herr R.	1.	E-Mail:	
Herr Wenger		Unser Zeichen:	Dh/d
Klassenlehrer		Datum:	12.10.1998
ZdA			

Klassenpflegschaftssitzung vom 8. Oktober 1998

Anwesend: 14 Eltern

Begrüßung 19:38; Herr R. eröffnet den Elternabend und verteilt Broschüren „Bildungswege in Baden-Württemberg ". Herausgeber: Ministerium für Kultus, Jugend und Sport. Für Eltern, die sich einen Überblick über Ziele und Aufgaben der Hauptschule verschaffen wollen. (Altlast des letzten Elternabends mit Herrn Schultheiß).

Frau Grafen/ Schulleiterin

Stellt sich den Eltern vor.
Unterrichtet in der Klasse 3 Wochenstunden englisch.
..unterstellt keine Fragen zum Stundenplan und fährt in der Vorstellung ihrer Aufgabe fort:

Englisch – ein „wichtiges" Fach; verweist auf spätere Berufsanforderungen.. Kinder sollten zu Hause weiterarbeiten..

Bei Wahrnehmung von Schulleiter-Aufgaben bedingten Terminen- ist Ausfall einzelner Unterrichtsstunden möglich. Wird diese allerdings pinibel nachholen und Doppelstunden z.B. am Dienstag-morgen.

Arbeitsweise:
Mündlich: großer Anteil des Unterrichts
Erwartet: melden, strecken, mitmachen

Arbeitet mit neuem Englisch Buch (Mail Box)
Eltern sollen: Kinder anleiten- Vokabelteil üben

läßt: viel auswendig lernen
Dialoge führen lernen

Grund:
Klassenarbeiten
Kurze Arbeiten, öfters Abfragen, mit Benotung

Ziel:
Einhaltung des Bildungsplanes Möchte möglichst
viele Kinder Im engl. Unterricht behalten.

Hilfsmittel:
empf. CD/Kassette aus dem Buch: Eltern sollen
diese kaufen...
Kein Arbeitsheft mehr. Schule hat kein Geld!

Steht für Fragen jederzeit zur Verfügung.

Herr R. erteilt Herrn W e n g e r das Wort. Herr
Wenger ist der neue Klassenlehrer der H7.

Dieser stellt sich vor und begrüßt die Eltern „recht
herzlich". Bekundet seine Freude über die Über-
nahme der Klasse und erläutert, daß er sie bis zur
9. Führen werde.

Hat nach seiner Feststellung schon einen recht

guten Kontakt in den vergangenen Wochen nach den Ferien hergestellt und sie hätten sich auf einander eingestellt. Es gelten andere Regeln.

Er mag kein Dauergeschwätz.
Will konzentriertes Arbeiten, aber keine Überforderung.

Arbeitet gezielt in Richtung 9. Klasse-
Geht bei Defiziten in den Lehrinhalten aber auch zurück. Er formuliert: „will die Schüler abholen...“
Addition, Subtraktion müssen sitzen!

Legt größten Wert auf saubere Heftführung: Das Matheheft soll ein Grundlagen- Nachschlagewerk für die Berufsschule sein, in dem sich die Grundrecharten wiederfinden.

Rechtscheibung:
zurück bis zu den Hauptworten / Großschreibung

Ziel:
Bis zur 9. Klasse die deutsche Rechtschreibung Einigermaßen i.O. zu bringen. Anforderungsprofil Der Industrie und des Handwerks.

Herr Wenger entwickelt nun sehr plastisch , eindringlich, fast kompromißlos eine Vision von Schule 2000!

Wie muß Schule aussehen -- über das Jahr 2000 hinaus.

Seine Erkenntnisse basieren im wesentlichen in den Darstellungen: Schule ist nicht nur JUX!

Schule heute:
Lediglich vermitteln von Grundwissen!

Deutsch Geschichte Erdkunde

Mathematik

An Problemen das denken lernen
Divergierendes denken

Vernetzung von Wissen
Sachfächer kombinieren

Kritikfähigkeit lernen
Fragendes lernen, einüben

Erziehung
Zu Grundtugenden

In diesen Ebenen Verbindungen schaffen: z.B. von Erdkunde zu Musik, das Einüben von Betrachtungsweisen aus verschiedenen Ebenen, Tugenden offenlegen wie Freund- lichkeit, Offenheit,

Neugierig sein, Sauberes Arbeiten, Pünktlichkeit, Konzentration und Ausdauer üben.

Täglicher Betrieb:
Immer kleiner Kampf:
vergessen haben von..

Erziehung im allgemeinen:

Elternhaus/Schule:
bewußte Arbeitshaltung Lernen wollen
Ergeiz entwickeln: I c h will das lernen..
Jetzt damit beginnen..

Bewußtes lernen fördern:
Hausaufgaben Mathe

Geschichte/Erdkunde
Konzept
Zu Hause eintragen, ausmalen

Eltern sollen:
Kinder anhalten/Pflichten erfüllen Arbeitszeit festlegen:
13:00-14:00 Pause
14:00-16:00 Hausaufgaben darauf dringen- einhalten!

Kindern einen eigenen Arb.pl. schaffen

An dem ungestört gearbeitet werden kann Unkontrolliert
(Reizüberflutung eindämmen) MUT zur Erziehung entwickeln
Pubertät:
einige Kinder sind schon voll drin Andere kommen nach
Schwierige Phase!

Begegnung mit Kindern:
klare Zielvorgaben Klare Grenzen
Unterstützen: In Verantwortung nehmen

In ihrem Erwachsenwerden wollen sie auch ernst genommen werden!

Wahl der Elternsprecher:
Nachdem keine Quotenfrau gefunden wurde:

Alte Garde neu bestätigt:
Vorsitz Jürgen R.
Vertr. Herbert D.

Für Frauenfragen des Unterrichts fühlt sich bei Bedarf die jeweilige Mutter angesprochen, die dann den/die jeweilige(n) Klassenlehrer/in direkt konsultiert.

Nach Abarbeitung der Tagesordnung- Punkte des folgenden Dialoges:

Gruppenzwang
Bei Kleidung Schuhen:
Budgetgespräch Kinder mit den Eltern
Frage: Wie finanzierst du...?

Diskussion:
bloßer Konsumzwang? Problem kaum lösbar- Wer
ändert Kaufzwänge?

Wichtig:
Eltern-Kind Gespräch!!!!!!!
Kinder fühlen sich oft im Stich gelassen.. Offen-
heit/ gleich Dinge ansprechen..

Allgemein:
Sprechstunden Wenger:
Di. 10:20 Uhr
Mi. 11:10 Uhr 14-tägig Wünscht keine Telefonate
zu HAUSE

Klassenarbeiten:
sagt er „rechtzeitig" an..

Unterschriften:
keine mehr bei Noten schlechter als vier.
Erziehung zu Eigenverantwortung!

Entschuldigungen:
Wie im Betrieb: sp. N. 3 Arb.Tagen
Schriftlich

Kinder sollen:
mitarbeiten
Mündl. Leistung zählt, wird benotet

Moderne Unterrichts-Gestaltung:
Eltern sollen z.B. Projekte für z.B. Besuche etc. anbieten

Schule hat kein Geld mehr... Stadt finanziert nicht mehr...

Getränke:
wünscht sich Wasserkocher
Will mit Kindern Teepausen machen
(wie d´r Messner am Nanga-Parbat)

Nächster Elternabend:
ca. Feb./März ´99 Im Musiksaal-
Denkt an eine gesangliche Uraufführung einer Ballade
Kinder singen- Eltern sorgen für Furage!

Eltern lernen zwischendurch Frau Fahrnbühler (Chemie/Physik BIO) kennen:

Erläutert anschaulich die „Auswirkungen" ihres Unterrichtes und gibt einen Ausblick auf Back- und Koch-Aktivitäten. Wobei auf eine Geschlechtsübergreifende Aufga- benteilung geachtet würde und Buben durchaus auch Spülaufgaben zugewiesen

bekämen, was ihre Psyche allerdings nicht über-
maßig beeinträchtigen würde.

Die gemachten Aussagen und Anregungen lassen
insgesamt den Eindruck einer fundierten theore-
tisch/pädagogischen Absicht erkennen und wurden von den anwesenden Eltern durchaus wohl-
wollend aufgenommen.

Der Chronist

nur eine Haltestelle

Dienstag, 21.7. 1999.

Nächste Haltestelle ...Universität! Die Stimme
schreckt ihn auf. Er sitzt auf der hinteren Reihe der
S-Bahn. Fahrtrichtung Schwabstraße. Vertieft in
Klaus Harpprechts mein Frankreich. Mit einem un-
überhörbaren „pffffffft" öffnen die beiden Türteile.
Sonst blickt er kaum auf. Ohne weiter auf andere
Fahrgäste zu achten, wieder in das angefangene
Kapitel. Heute aber. Sie kommt herein und setzt
sich schräg vor ihn. Er ist sich nicht bewusst, dass
er in diesem Augenblick lächelt. Sie erwidert.

„Hallo" sage er.

„Hallo" sagt sie.

Es durchfährt ihn plötzlich. Sie hat geantwortet! Eine sanfte Stimme. Es klingt ein wenig Nord-
deutsch. Er will zu Harpprecht zurück. Liest ein
paar Zeilen, aber begreift nichts von den geschei-
ten Dingen, die da stehen. Nichts über Georges
Pompidou. Er muss sie ansehen. Wieder und wieder. Sie hat sich in der Zwischenzeit ein dickes Ta-
schenbuch gegriffen und vertieft sich darein.

Trotz aller anerzogener Diskretion und ein-
geübter Verhaltensweisen, beginnt er sein vis a
vis ungeniert zu betrachten. Ein leises, fröhliches
Kribbeln macht sich über seinen ganzen Körper
breit. Was er sieht, gefällt ihm unheimlich gut. Sie

hat rotbraune Haare, die sie streng nach hinten frisiert und zu einem Pferdeschwanz gebunden hat. Was ihr irgendwie ein fröhliches Aussehen gibt. Sie trägt kein Makeup, nicht einmal Rouge auf den Lippen. Die Augenlider sind gesenkt. Sie wirkt entspannt und ist irgendwie mit dem Inhalt des Buches ganz eins. Sie hat süße kleine Backenknochen, die aus dem schmalen Gesicht nicht zu sehr hervortreten. Ihre Lippen sind schmal. Der Mund ist geschlossen und sie atmet völlig ruhig und entspannt. So als wäre sie weit weg. So wie das Buch es ihr wohl erzählt.

Sie schaut auf und ihre Blicke begegnen sich. Ihr Lächeln bleibt. Keines schaut weg und sein Blick taucht in ein grünblaues Augenpaar, deren Iris mit goldenen Punkten übersäht ist und er bemerkt etwas bislang völlig neues: ihr Blick ist völlig rein. Den Anderen einfach nur aufzunehmen.

Er ist über eine solche Empfindung total überrascht. Und nimmt den Zauber ihres Lächelns wahr. Wieder betrachte er das Mädchen, nein diese Frau, auf eine Art und Weise die ihm mit Sicherheit bei anderen eine schallende Ohrfeige, oder aber zumindest eine begründete Zurechtweisung eingetragen hätte. Tausend Gedanken schwirren ihm durch den Kopf, wie das alles weitergehen kann, vielleicht soll...und wie sie im Bett landen.

Sie blickt wieder in ihr Buch und in ihm steigt ein Glücksgefühl hoch, so wie er es bis heute noch nicht gekannt hatte. Bei keiner Frau.

Sie schaut auf und wieder lächelt sie. Er blickt zurück und tut das selbe. Er hätte gerne mehr von ihr gesehen. Ihre Formen verdeckt eine leichte Jacke und ihre- und das sieht er- ihre zierlichen Beine stecken in blauen Jeans.

O, und sie hat wunderschöne zarte Hände. An der linken Hand ein Ring. Vermutlich ein Ehering. Sowas kann ja auch unmöglich unverheiratet sein.

Seine Gefährtin liest Horoskope. Er, der Zwilling sei dieses Jahr stark gefährdet. Er würde seiner großen Liebe begegnen...

Immer mehr fasziniert ihn diese Frau mit ihrem unheimlich lieben Aussehen und er träumt sie in seine Arme. Mit Harpprechts Frankreich auf dem Schoß. Warum? Er weiß es nicht. Und er stemmt sich auch gar nicht so sehr dagegen..

„Nächster Halt- Schwabstraße „

Diese gottverflucht knarrende Stimme aus dem Lautsprecher reißt ihn brutal in die Wirklichkeit. Er weiß nicht, ab sie ähnliches empfunden hat . Sie blickt ihm wieder in die Augen.

„Also, tschüß- ...und einen schönen Tag" , sagt er beim Aufstehen.

„Ebenso", kommt es sanft zurück.

124

Er tritt auf den Bahnsteig und dreht sich um. Er hat das noch nie getan. Völlig unbewusst hebt er die Hand, wie zu einem Gruß. Sie nickt leicht und lächelt.

Pfffft. Die Türen schließen. Die S-Bahn fährt an, langsam und immer schneller. Bis die roten Lichter im Tunnel verschwinden.

„Du Idiot, du hättest sie doch fragen können wie sie heißt- oder nach ihrer Telefonnummer hättest du doch fragen müssen, du Rindvieh, du Sempl, du...

Allein mit zwanzig, dreißig Passanten steht er auf dem Bahnsteig. Keiner ist so blöd wie ich, denkt er. Er weiß immer noch nicht war passiert ist.

Dreht sich um. Hinter ihm eine Leuchttafel der Bahnwerbung, ... Gib Aids keine Chance...

Donnerstag, 23. Juli 1999

Ab Vaihingen kann er nicht mehr lesen. Er zwingt sich, aber es geht nicht. Österfeld. Universität. Ist sie auch heute da? Langsam, viel zu langsam rollt die S-Bahn aus. Es warten heute ziemlich viele Leute. Er sitzt wieder am Ende. „Ihr" Platz ist noch frei. Die S-Bahn hält. Sie kommt auf die Türe zu. Ihm schlägt das Herz bis zum Hals. Pfffft. Die beiden Türhälften öffnen sich. Sie kommt zur Türe herein. Ihr Lächeln ist breiter als gestern. Gibt es denn sowas? Er grüsst sie:

„Guten morgen"

Sie antwortet: „Guten morgen".

Guten morgen mit einer wunderbaren Stimme. Mein Gott, ist das das Glück? Sie setzt sich, wie er´s sich gewünscht hat auf ihren Platz. Und sie holt wieder ihr dickes Buch aus der Tasche. Sie senkt den Blick und liest. Es ist genau wie gestern.

Er schließt die Augen. In Gedanken streicheln seine Hände über ihr Haar, ihre Wangen. Es spielt der Finger sacht mit den Wölbungen ihres Ohrläppchens. Und sieht in ihre wunderschönen Augen. Dann küsst er sie. Erst sacht und zärtlich. Dann fester. Sie gibt nach und erwidert die Küsse leidenschaftlich. Herrgott. Das ist eine wunderbare Frau und richtig geschaffen. Seine Hände sind mittlerweile ....

Sie ahnt nichts von dem erwachenden Begehren. Sie ahnt bestimmt nicht, dass sich aus einer Zufallsbekanntschaft etwas entwickeln soll...

Ihre Beine mit den engen Jeans sind geschlossen. Er sieht, als sie sich leicht dreht, die Wölbungen unter einem weißen Shirt. Wunderbar geformt. Für eine zärtliche Männerhand... Sie schaut auf. Ihr Blick ist dunkel. Und sie ist ernst. Hat sie am Ende ähnliches empfunden, was er geträumt hat?

Plötzlich nickt sie und sie seufzt. Er fühlt sich irgenwie ertappt. Oder nein, das gibt es ja nicht, dass zwei Menschen, ohne etwas zu sagen, gleiches empfinden können!

Sie hat den Kopf geneigt. Ihre Lippen verziehen sich leicht. Sie liest wieder. Er weiß nicht, ob sie jetzt darauf wartet, dass er etwas sagt. Himmel. Doch keine verbale Anmache in der S-Bahn. Soll er sie vor allen Fahrgästen an sich reißen. Weil doch das alles nur ein Spiel ist. Nur ein Spiel sein kann? Zeter und Mordio! Anzeige und weiß der Geier was!

Was denn. Er ist in Gedanken schon längst mit ihr einem Cafe. oder in einem Biergarten. Beim Eis essen oder in einem Restaurant. In der Staatgalerie bei den alten Italienischen Meistern oder Picasso. Und dann... Alles ist so bedenkenlos unrealistisch. Oder mag sie einen Quickie an einer Ecke der dunklen Calwer Straße. Er beißt sie zärtlich in den Hals...und pinselt mit der Zunge ihr Ohrläppchen...während er langsam....

Er blickt auf und sie schüttelt langsam den Kopf, als wollte sie sagen:

„Warte doch, was hast du es so eilig, wir haben doch noch so viel Zeit- so lange, bis uns der Atem vergeht....“ Nun schließt sie die Augen.

Nächster Halt. Schwabstraße.

Die Lichter kommen. Er steht auf blickt sie an.

„Ich geb Dir am Montag meine Karte mit der Telefonnummer. Ein schönes Wochenende...und tschüß“

„Ja , auf Wiedersehen, und ebenso“ sagt sie. Aber

in ihren Augen ist etwas, was nicht zu seiner Stimmung passen will.

Er tritt auf den Bahnsteig und schaut wieder zurück. Ihre Augen sind auf ihn gerichtet.

„Tschüß, Mädchen „ sagt er leise vor sich hin.

Er geht zum Fenster und legt die Handfläche auf die Scheibe. Ihre großen Augen sehen ihn an und sie legt ihre kleine feine Hand innen dagegen.

Und wieder das leichte nicken mit dem Kopf. Die S-Bahn fährt ab.

Mit ihr.

Aber in ihm ist etwas, dass das das Ende ist, bevor es begonnen hat....

Briefe an Canadafreunde

Liebe Julie und Heinz

Schnee schneit es in langen Fäden aus einem bleiernen Himmel. Alle Geräusche sind dumpf. Die sanften Hügel die Waldenbuch umgeben sind nicht mehr zu sehen. Nur ahnen den Hasenhof, den Weilerberg, Braunacker oder die Blōader. Während er gemächlich die Schneeschaufel vor sich her schiebt um den Gehsteig (s Trottwar) sauber zu halten, sind seine Gedanken sonnenkringelfroh. Sie hüpfen hin und her, dorthin und dahin. Erlebtes und träumerisches steht vor ihm. Auch muss er dieser Tage unbedingt den längst fälligen Brief nach Canada schreiben. Er grinst. Denn seine Telefonierer tun das nicht. Reden ist bequemer als den Stift zu quälen. Wieder eine Bahn. Sommerreifenautos schlittern an ihm vorbei. Vor Wochen schon war ihm immer wieder durch den Kopf gegangen, man sollte wieder mal gemeinsam auf den Weihnachtmarkt gehen. Nur sie alleine. Nur einfach durch die Buden schlendern und sich von Hunderten mitschieben lassen. Die Düfte aufnehmen, einmal nur kindlich schauen. Buden und das alles nur still einwirken zu lassen. Ohne viel zu denken, abzuwägen, oder dahinterschauen zu wollen. Freude darüber

nicht zu unterdrücken, sondern sie richtig auf-
keimen zu lassen. Wieder eine Bahn. Bald kommt
er an den Garagenvorplatz. Und langsam auch ins
schnaufen. Die Luft ist kalt. Der Atem hängt vor
dem Mund und beschlägt die Brille. Er richtet sich
auf. Hinter ihm ist schon wieder alles verweht. Der
Wind fegt Schneenebel von den Dächern. Es ist
ein herrlicher trockener Pulverschnee. Manchmal
heult er richtig am Hauseck und durch die Büsche.
Er fühlt sich an seine Kinderzeit erinnert, in der
Schneewinter keine kurzen Episoden wie heute
waren. Es ist wohl kaum vergleichbar mit Eurem
in Toronto. Manchmal träumt er davon. Er sieht
gerne Filme von den unendlichen Weiten Alaskas.
Und die Bücher von Jack London hatte er als Junge
geradezu verschlungen. Die vom Alaska Kid und
den Schlittenhunden. Und vom großen Goldrausch
in Dawson. Da wenigstens scheint die Natur noch
in Ordnung zu sein. Denkt er. Die letzte Bahn. Er
schiebt die Schneeschippe vor sich her. Die Leute
die zur Bushaltestelle am Lerchenweg gehen, haben den Schnee schon wieder festgedappt. Sau-
dackel die. Er klopft die Schuhe an Schuhspitzen
an der Treppe ab, und scharrt auf dem Schuhab-
streifer einen Teil des Schnees ab. Zieht sie dann
aus und geht socket nach oben. Oben erwartet ihn
bereits die Gefährtin. Sie hat einen frischen Kaffee
gemacht. Mit ihrer neuen Siemens Kaffemaschine.

Jetzt frische Brötchen mit Schinken. Das
wärs. Gibt's aber nicht. So ist es halt Toast mit

Hagebuttenmarmelade. Das stärke die Abwehrkräfte sagt der Vater. So im kauen bereden sie dies und jenes. Und sie kommen mal nicht hintereinander und das Frühstück verläuft harmonisch, man könnte fast sagen, heiter.

So nebenher bemerkt er eigentlich überflüssigerweise, dass er heute, bei dem Sauwetter nicht nach Stuttgart zur Markthalle führe. Warum eigentlich nicht? Er liebt doch den Schnee. Und ist normalerweise bei Wind und Wetter mit dem Auto geschäftlich unterwegs. Also nicht zu Theresia Joos. Theresia betreibt in der Markthalle, wenn man vis a vis vom Betten Braun herüberkommt, den ersten Gemüsestand. Hat immer die frischeste Ware und wartet anscheinend nur auf solche, wie ihn. Er hatte anfangs auch immer tapfer aufgesagt, was die Gefährtin ihm auf den Zettel geschrieben hatte.

Später, als sie sich schon besser kannten, und sie ihn dann mit ihrem Standardspruch begrüßte: „Ja wie, semmr au' wiedr honda" (denn sie wusste längst dass er von Waldenbuch käme) und er dann ebenso stereotyp antwortete: „Wie emmr, mit dr Weps". (mit seiner Piaggio Elusso, dem Achtzgrle mit der er so schön auf dem Gehsteig vor der Markthalle parken konnte) fragte er sie eines Tages, „Saget sie amohl, Frau Joos, kennet sie eigentlich lesa"?

„Ha freile, was isch au' dess für a Frog"!

„Nau kann i ehne ja emmr mein Zettl gäba, nau

brauch e nemme soviel schwätza!" Und so hatten sie es dann eingeführt. Und seit her sagten sie auch du zueinander. Manchmal ging er auch zum Fischstand dahinter und sie richtete alles fein säuberlich in den Korb. Bloß zahlen, das sollte er dann immer noch nach dieser Prozedur. Und so hielten sie's all die vielen Jahre, ein gutes Jahrzehnt. Bis sie dann einmal sagte, dass sie jetzt aufhörten, ihr Mann und sie.

Der Blick aus dem Fenster zeigte ihm die unveränderte Wetterlage. Ein leises „Wuff" an seiner Seite. Der Hund wollte Gassi. „Ja klar, Aldā, komm no mir gangāt". Dem Benz gefällt der Schnee unter dem Reifen nicht arg, als sie die alte B27 zum Braunacker hochfahren. Und Automatik und Gasfuß bedingen zuerst einer Symbiose. Schneebedeckt Tanne, Obstbaum und Wiese. Der Schnee kommt quer, aber sie stapfen tapfer vorwärts. Der Hund macht es kurz und will eigentlich wieder zum Auto. Er aber zieht den Schal über den Mund, den Hut tief ins Gesicht und geht ein wenig nach vorne gebückt weiter. Macht die ganze Braunackerrunde. Es ist wirklich saukalt. Und jetzt sieht er die Freunde grinsen. Wie sie an ihrem großen Kamin in Toronto sitzen. Was will denn der Schnaugahuaschdr (Schnakenhuster) uns vom Schnee erzählen! Gerade noch uns. Er schabt seine Scheiben frei und fährt vorsichtiger als sonst das Gefälle und durch die Kurven nach Waldenbuch zurück. Und parkt sauber in die Garage.

Die Gefährtin erwartet ihn mit einem Punsch,

Butterbrezeln und einem netten lächeln: „Wenn'd fertig bisch, kåscht glei wieder bahna"! Der Punsch ist saugut und fährt na bis an dr Zaiha. (Weil er heimlich ein Gläslein Schleeenlikör in seine Tasse geleert hatte.)

Nach einer guten Stunde ist er dann wieder zurück und sie bereden den Speisezettel für das anstehende Weihnachtsfest. „Was machschd jetzt nau am hoiliga Obend?"

„Dees was se beißa kennet!"

„Se" sind seine Schwiegereltern, hoch betagt, und es ist eine alte Gewohnheit, dass sie am heiligen Abend mit ihnen und den Buben feiern. Was sie beissen können, ist dann eine gefüllte Kalbsbrust und Kartoffelbrei, allerlei Gemüßer und Salat. Ond a reachte Soß.

Das diesjährige Weihnachtsfest ist dieses Jahr recht Arbeitnehmerfreundlich. So wird er zwischen den Jahren im Flur einige malerische Verschönerungen vornehmen und auch einen neuen Teppichboden legen.

Sagt der Sohn, man müsse sich ja schämen, wenn man jemand mitbringe. Er sei übrigens nach Weihnachten beim Snowboarden in den Alpen. Er mache das, damit er niemand im Wege stehe. Vermutlich. Denkt er.

So vergeht die Zeit. Ond als Schwob brauche ma emmr ebbes zom schaffe oder gruschtla.

Aber das geht Dir en Toronto ned anders. Bisch

hald au infiziert von dem Virus ond deim Molrg-
schäfd.

Wir wünschen Euch alles liebe und gute. Man sieht
oder hört sich.

Bis bald.

4.6.2012

liebe Else, lieber Helmut,

was lange währt, wird endlich wahr, sagt ein al-
tes Sprichwort. Lange, viel zu lange war kein Wort
mehr aufs Papier geschrieben. Weil die Adresse
weg war. Sein Computer war defekt und nicht mehr
zu reparieren. Alles weg. Kein Geburtstag, kein
Datum, keine Adressen. Alles weg. Sein geistiges
„delete all". Und wie oft hatte er allen gepredigt,
Sicherheits- Kopien zu machen. Blos selber? Nun
also das Telefonat. Euer Gespräch mit der Gefährtin und Eure Nachricht. Die Adresse ist wieder ge-
speichert. Diesmal auch auf Papier. Heureka!
  Wie geht es Euch? Wir hoffen sehr, ihr seid wohlauf. Was interessieren die Ereignisse der Welt,
wenn man auf sein kann. Fröhlich und heiter dem
Tag begegnen und sein Tagwerk erledigen, Einkäufe machen und der small Talk mit den Nachbarn
und Bekannten. Während er dies schreibt, sitze
er am Tisch im Garten unter der Pergola. Rechts

und links gerahmt von einem Holderstrauch, einer wilden Buschrose und vor Blicken geschirmt, vor mir eine hoch wachsenden Forsitie. Der Holder hat grad hunderte Blumendolden und duftet bei jedem Windhauch. Wie heißt es in dem Volkslied:

Am Holderstrauch, am Holderstrauch,
da weint ein Mägdelein, kehr bald zurück,
kehr bald zurück,
herzallerliebster mein.

Werde heute noch, da mir das so in den Sinn kam, im alten Gesangbuch für Männer Gesang Vereine von 1928 (von meinem Großvater) die Seite aufschlagen und die Verse nachlesen.

Heutzutage, unter unserem schwäbischen Himmel, singt man kaum noch. Nicht einmal mehr an den Stammtischen. Vor vier Wochen haben sie auch das Jägerhaus geschlossen. Jetzt hat es in Waldenbuch nur noch drei Restaurants (gehoben) und ein paar Pizzerien und zwei Vereinsgasstätten. Der Lauf der Dinge. Wirtschaften sind früher von der Familie betrieben worden. Mehrere Generationen haben geholfen. Das funktioniert heute nicht einmal mehr bei den Italienern. Und in Stuttgart karren sie Flugzeugeweis Chinesen und Koreaner herbei, und machen „goldene Drachen" auf. Gott sei Dank gibt's noch die Tauberquelle und die Kochenbas in der Immenhofer Straße. Aber find da mal einen Parkplatz!

Clearwater Beach fällt mir ein. Euer langjähriges Feriendomizil. Vis a vis Seminole, da ist ja jetzt meine Verwandschaft (Großonkel Jakob und Tante Frieda) begraben. Bevor sie sich als Rentner hier zur Ruhe begeben haben, haben sie viele Jahre in Philadelphia den Red Lion umgetrieben. Und mit allen Lizenzen gut verkauft- damals.

Der Weg zu Euch rüber ging über die Bridge dem Holliday Inn zu. An dessen Strand waren wir immer am Golf zum baden. Oder mit dem Onkel am Pier zum fischen mit Shrimps als >Bite! Donnerwetter- Donder und Blitz- wir haben nur Catfish herausge- zogen und die wurden an die umstehenen Farbigen verschenkt, die sie aber gerne genommen haben.

Flieg Gedanke.... so erzählen wir noch heute und freuen uns am erlebten.

Liebe Else und Helmut, wir hoffen sehr, dass Ihr gesund seit. In zwei-drei Wochen, wenn der Brief angekommen sein wird, telefoniert die Ursel wie- der mit Euch, um Euch zu hören. I schreib halt mit meim Feadráhalter, wia älláweil.

Alles liebe und gute, beste Zeit, bis dahin

15.01.2013

liebe Else, lieber Helmut,

nun hat der Zeiger wieder einen Schnapper getan. 2013. Und alles geht in einem Trott weiter. Die hektische Vorweihnachtszeit ist hinunter getaucht. Und Erinnerung. Und doch schmecken wir, wenn wir daran denken, die Gerüche davon von den Besuchen auf dem Stuttgarter Weihnachtsmarkt. Von Glühwein und Bratwürsten und Kohlenrauch, der von den alten Häusern hinter der Calwer Straße herzieht. Weil irgendwo in der Stadt, immer noch mit Kohlen und Briketts geheizt wird. Die Buden nehmen mittlerweile die halbe Innenstadt ein. Eine zwanzigmeterhohe Trauftanne von der Eninger Alb steht vor dem Königsbau. Über und über behängt mit elektrischen Lichtern und leuchtet in den hereinbrechenden Abend. Daneben die Eisbahn, auf der sich jung und alt tummeln- und das bei bald fünfzehn Grad plus. Die Jungen fahren im T-Shirt. Wir gehen weiter und in den nächsten Buden verkaufen sie Thüringische Schnitzkunst. Eine Bierbude vom Stuttgarter Hofbräu. Ein buntes Volk wallt über die Königstraße und manche sitzen auf der Treppe vom oberen Schlossplatz. Wenige Krawattenbüromenschen, viele in wie wir sagen, in fast liederlicher Kleidung. Jeans, und Schlabberhosen der meist jungen und kein großstädtisches Gehabe bestimmt das Bild. Schade eigentlich, wie wir finden. Wenn wir vom Land in die Stadt fahren, ziehen wir uns „recht" an.

Eine neue Welle hat Stuttgart erreicht. Ausländische Besucher entdecken immer mehr die

Stadt. So die Schweizer an der Grenze, wenn sie nach ihren Einkäufen die Rechnung vorweisen, die Mehrwertsteuer erstattet bekommen. Das wirkt sich nachhaltig aus. Man sieht es an der Menge von Omnisbussen, die vor dem Schloss parken. Und an den Sonderzügen, die jeden Tag von Zürich her den Hauptbahnhof anfahren. Und auch Italiener und Elsässer fallen in Scharen ein. Seit der Schweizer Franken zu unserem Euro so günstig ist, haben alle das Schwabenland als Einkaufsland entdeckt. Recht so. Davon profitieren unsere Geschäfte und sie schreiben in Samstagszeitungen von den sprunghaften Zuwächsen, die diese Besucher bringen. Wir gehen an der alten Kanzlei vorbei, dem alten Schloss zu. In seinem wunderschönen Arkadenhof haben sie eine große Bühne aufgebaut. Hier finden die täglichen Konzerte statt. Musiker, Chöre aus Stuttgart und seiner Umgebung haben in der Adventszeit jeden Tag ein Forum, bei dem sie ihr Können zeigen. Es ist einfach schön, hier abseits von jedem Trubel, den alten Weisen zu lauschen und sich einfach nur zu freuen. Auch wir halten inne, mit dem Glühweinbecher in der Hand. Bei manchem mögen auch die Gedanken zurückgehen, in die Kinderzeit, in der andere Werte Gültigkeit hatten und sie besinnen sich darauf, mit vielleicht einer kleinen stillen Sehnsucht danach. Und vielleicht wünscht man sich heutzutage doch ein klein wenig davon zurück. Dann aber geben sie sich einen Ruck und gehen durch das Tor wieder hinaus in den Trubel und in ihr so selbst gewolltes Leben. Wir gehen hinterdrein, langsam Arm in Arm und nach viel Jahren auch ohne Hast. Und gleich umweht uns der Duft von der Fischer Vroni, die am Eingang an der Planie ihre Forellen auf langen Stecken röstet. Dann werden wir durch die Budengassen geschoben und wir wissen spätestens jetzt, dass wir nicht allein auf der Welt sind.

Unsere Fahrt hierher war schon behaglich. Ohne Auto. Bei der Leinfelder Straßenbahn eine 4-Fahrten Karte gelöst und am Schlossplatz ausgestiegen. Vor der Stiftskirche zwängen wir uns in einen Seitengang und stehen in einem Stand, der uns zum lächeln bringt. Irdenes Steingut, alte Schüsseln und Hafen wie bei der Oma! In den alten Farben blau und grün und braun mit kleinen bunten Blümchen als Dekor. Ich halte die Gefährtin recht fest fest, dass sie nicht an den Geldbeutel kommt. Sie hätte den ganzen Stand gekauft. Weiter Hüte, Hemden, Unterhosen, Pumphosen für die Frau und Kittelschürzen. Daneben Blechwaren, Eimer, Gießkannen aus verzinktem Blech. Dann Strickwesten und dicke Socken und karierte Flanellhemden, Gürtel und Schuhe. Nach den Nussknackern kommen die rechten Christbaumkugeln, mundgeblasen, aus Glas. Auch die gute alte Christbaumspitze darf nicht fehlen. Rot, blau grün und sogar goldig.. Wir arbeiten uns in aller Ruhe durch diese Sinnesorgie, dem Marktplatz zu. Links, vor dem Spielwaren Kurz entdecke ich das alte Messergeschäft, aber die Ursel ziehts zum Tritschler.

Dann müssen wir beide aufs Klo. Schnell zum Breuninger. Dann klingelt das Handy. Thomas signalisiert, dass er in einer halben Stunde Schluss macht und zu uns kommt. Feierabend für den Tag. Wir treffen uns vorn beim Breitling. Dann gibt es Thüringer Bratwürste, Glühwein in einer der schönen Stuttgarter Tassen, natürlich am Stand von der Frau Weitmann. Sie ist selber am Stand, Kopftuch, dicke Weste Stiefeletten mit Gamschen über den Waden. Sie nickt uns freundlich zu „so, send' ,r au' do". „Wieder an Ferrari" fragt sie süffisant. Sie weiß sehr gut, dass er das letzte mal mit dotterweichen Kniegelenken zur S-Bahn gewankt ist, nach dem vierten!

„Noi, noi, dank schee, heit' oinr ohne".

Dann beschließen wir, ein paar Einkäufe zu machen. Julian soll zu Weihnachten eine Pad-Coffeemaschine bekommen und Thomas will seiner Freinde eine Luft-Gitarre? kaufen. Und ich soll für meinen LapTop eine Sicherheitssoftware erhalten, endlich. Hinter dem Königsbau haben sie das alte Postgebäude total abgerissen-bis zur Lautenschlagerstraße und auf den freien Platz eine hypermoderne Einkaufs Mal gebaut. Also durch den Trubel zurück . Der Junior handelt einen schönen Rabatt heraus, das ist wohl heute so mode. An der Kasse zahlt Herbi mit seiner Gold Card. Ich habs nicht anders erwartet und verkneife mir einen entsprechenden Kommentar. Wir verlassen die Mal an der Seite zum Marquardt in die Bolzstraße und stehen mitten in einer Demonstration -gegen den neuen Bahnhof. Zweitausend Leute schreien „oben bleiben" und sind dagegen, den Hauptbahnhof tief zu legen. Voll bepackt mit Paketen und Taschen zwängen wir uns durch und der Sohn lässt es sich nicht nehmen uns nach Leinfelden mit dem Auto zu fahren. Ich brumme ein wenig. Aber mit dem Gepäck bin ich um die Straßenbahn herumgekommen. So sind die Jungmänner halt. Belastbar und dynamisch!

Als wir dann später die kleine weihnachtliche Straßenbeleuchtung von Waldenbuch sehen, wissen wir, jetzt isch mr wiedr drhoim. Und recht müd. Mein Bestreben, dieses Jahr keinen Weihnachtsbaum aufzustellen, wurde vom Familienrat harsch abgelehnt. Dies sei immerhin Tradition. Und wenn schon als kaum zu vertretendes Zugeständnis eine elektrische Beleuchtung, ein Baum müsse sein. Er hatte schon im Rahmen einer Umräumaktion bei seinen Eltern en Hoirna den uralten Weihnachtsschmuck geholt (Kugeln 100 Jahre alt, und Vögelchen und Tannenzapfen, mundgeblasen). So hat er dann halt für Achtzig Euro eine zweieinhalb Meter Nordmanntanne gekauft und am Sonntag vor Heilig Abend gerichtet und zugespitzt in den Ständer gesetzt. Der Verkäufer meinte, daß es nicht schaden könne, wenn man Wasser in den Ständer gieße. Das sei gut für den Baum. Gesagt, getan. Gott sei Dank hat er nur die fünf Liter Kanne genommen. Und sich gewundert, warum in den kleinen Ständer so viel Wasser hinein geht. Himmel, bis er dann merkte, dass das ganze Wasser auf dem Boden herumläuft. Himself. Trocknungsaktion und einen bissigen Blick von der Gefährtin und einen Kommentar: „Wenn ma' älles en' d'r Narretei macht..."

Wasser ist gut- und macht keine Rotweinflecken! Dies ist seit rund vierzig Jahren sein Geschäft. Heiter wie er ist, schiebt er eine CD mit Bayerischer Adventsmusik in den Schuber und beginnt mit dem schmücken des Baumes. Jetzt wird's Weihnachten. Nächster Diskussionspunkt. Was isst man an Weihnachten. „Also i schdand et' end Kuche, wenn's nach mir gat, Seitenwürschtle und Kartoffelsalat am Heilige Abend", sait 'r. - So wie beim Willi Reichert seiner Geschichte. – aber es geht nicht nach ihm!

Der heilige Abend beginnt besinnlich. Wir schalten die Beleuchtung am Baum ein. Dann hören wir unsere alten Weihnachtslieder von der Platte und manchmal singen wir mit. Herbei o ihr Gläubigen. In der Tradition liest er die Weihnachtsgeschichte. Alle sind ruhig und lauschen. Sie sprechen von den Lieben, von Euch- über dem großen Wasser und auch, dass es das erste Fest ohne ihre Mutter ist. Die Ursula hat das unheimlich mitgenommen. Vor der Beerdigung haben wir, wir waren wie immer zeitig dran, noch die Grabstätte von ihrem Vater, ihrem Sepp wie sie sagte, besucht. Ja, wie es Euch wohl heute geht. Und sie erzählen auch vom Besuch in Toronto. Sogar noch, als die Pakete geöffnet werden. Sie wünschen so sehr, daß der Helmut wieder wohlauf ist und Du, liebe Else auch und ihr einfach schöne Tage verlebt. Was ihr wohl heute macht?

Die Jungen haben uns reich beschenkt. Sie haben bei IKEA, dem schwedischen Möbelhaus für uns ein Badschränkchen/Wandmontage mit einem tollen, modernen Spülbecken, gekauft. In Einzelteilen. Das sie dann anschließend mit großem Elan im Speisezimmer zusammenbauen. Er muss seinen halben Werkzeugkoffer anschleppen. So ebbes. Das Ergebnis ist aber toll und jetzt ist es halb Zwölfe in der Nacht. Dann fahren sie vergnügt nach Hause. Wir fallen ins Bett.

Am ersten Feiertag dann, Filetsteaks und Croquetten aus der Fritteuse und verschiedenste Salate. Thomas bringt einen schönen Untertürkheimer Roten mit; vom Wöhrwag einem Weingut mit einigen Preisen geadelt. Schmeckt wirklich sehr lecker und wir freuen uns, was die Württemberger für Super Weine haben, die sich heute vor den Franzosen nicht mehr verstecken müssen.

Am zweiten Weihnachtstag nur Ruhe. Aber die schönen Tage mit unendlich viel Schnee. Vorbei. Draußen Nieselregen und 10 Grad plus.

Wir wünschen Euch, dass ihr einfach die Tage in Heiterkeit begegen könnt. Auf sein und all die kleinen Verrichtungen tun. Und man sich einfach aneinander freuen kann. Dass der Helmut auch a' Schlückle nimmt, von dem Kalifornier der Sorte Nummero 2; oder gar 1!

Der Brief ist ja heut' wieder a' bissele länger geworden. Ich musste Euch einfach des so erzählen, so wie wenn m'r halt mitnander schwätze dädet. Aber in ein paar Wochen telefonieren wir, ist ja klar.

Alles liebe und gute für Euch, herzliche Grüße und eine gute Zeit- aus em' alda Wirtaberg.

P.S.
a kloina Anlage fir da Helmut, weil e wois, dass d' friehr gera do warschd: Gedichtla „d' Kochabas" , a' Doal vo' Schduegert:

Donnerstag, 11. November 2015 um 19:00 Uhr
7. Stuttgarter mund.art Stammtisch
in der Brauereigaststätte Dinkelacker (in Carls Braukeller), Stuttgart, Tübinger Stroß 46

Naubed midnandr.

So drondrnei sagets zo oim, jetzt vrzehl doch du au amal an Schwank aus deim Läba.
    Wie e so ghirnet han, isch mr doch so a Episode en dr Sinn komma. S isch scho a baar Täg her- so rond vierzg, eher feifavierzg Johr.

ond zo meine Gedichtla a kloine Vorbemerkong: kennt oinr von ehne zufällig da Burkhardts Willi? …..

Edda? Macht au nex.

Also, de jengschd Dochtr vom Willi hoißt Ursula- ond dui hat me gheirot.

Se hend lange Zeit en dr Immahofrstroß gwohnt- also glei obrhalb- do oba.

Warom e des verzehl-

Also dr Dr. Wulz hat ehne ja verroda, dass e au a Hoidamr ben.

I war frier scho reacht oriebig, ond au en de 68ziger grad aso.

Sodde wia mi hat hot mr frier uff Amerika do. Odr se send en Bolidik ganga, so wie selbigsmol a Joschka Fischer, odr dr Rezzo Schlauch.

Bei mir wars aber wohl edd so arg, so hads- wie mr sait- au Schduegerd do.

Wies so ieblich war, wenn'd nui irgendwo eigschdanda bisch, had mr sich bei de Kollega vorgschdellt und kunddo, wa mr au fir Ideea häb.

Des had meim Chef domols recht guet gfalle, blos ed mei Dialekt!

Nau had r gsait, „dass ma do etwas machen misse"- ond scho domols hats Begriffe gea wie Integration und assimilieren, ond no isch ,r auf die Idee komma, dass i ab sofort Feschdlesbeauftragter seinebr meim Gschäfd.

...ond en vierzeh' Däg sei a Abdeilongsfeschdond des soll i organisiera. Enn ,a ra reachda Wirtschaft.

Odumeinegüdale hann e denkt, dees ka ja ebbes werda.

Ond jetzt kommt dr Willi wiedr ens Schbiel. Wie'ne dean gfrogt han haddr gmoint, des sei schwierig:

„Mid soddichde Dagdieb kascht ed iebrall na"

Dr Willi hat viele Johr beim Bosch en Leifelda gschaffd ond Biroleit hat r gar ed mega, scho gar ed die vom Siemens. Die Sesselfurzr.

aber i solls halt en dr Kochābas probiere. Abr r saits mr s glei – do zahlt m'r bar.

„Wo au des sei"?, hann e gfrogt.

„Schreg nomm am Fanglsbachfriedhof, sei dr Bloama Lochr- ond nau vis a vis- do sei d Koch- abas".

I hann aus meim alda Fundus no a paar Gedichtla gfonda.

Weil e aber scho frier koine reachte Ieberschrifda gmacht hann, hann e se hald als alder Pragmatiker oifach durchnommeriert.

Ond dees isch drbei rauskomma- ich zitiere:

kochābas nummero 1

koi parkplatz an dr immāhofrstroß!
dronga ‚s haus
kochābas
a gardāzaugrün;
steffālā
tausādviertel nauf.
I na

dr gruaß vo dera alta frau:
ja, sia send´s!

während mr iebr d sitzede schwätzed,
ganged mr en „ihr" gärtle.
durch kuche.
hendrhof
kahles backstoigfiert
ond a wondr!
en sauberer erde blühet ihre bloama
wachsed ihre kräuter
für d´wirtschaft
schniddlauch
ond pedrleng, s maggigraut
sonnafleck husched von ganz oba;
dachlandschafta übrm
steifa gnick.
s' lächla vo dr alt frau
die s stauna vo ihrem besucher
verstoht.

kochabas nummero 2

d' reddamaire
ihr gsicht isch falta
ihr blick isch hell
ihr wort isch klar

ihra freindlichkeit isch freid
denn i ben koi schduegerdr
sie hats gherd
an dr ausschbroch

kochãbas nummero 3

vrschiedne zeita
vrschiedne gäschd

middigs alde schduegerdr
obends büroleit
vo älle ländr

sui, d' reddamaire
beschdändig sui

kochãbas nummero 4

dr ald ofa
ond des allmachts ofarohr

isch gmiedlichkeit
wenn dr heizkörpr
drhoim blos wärme geit

resopaldischidille setzt
feine grawaddābüromenschā minirock
ond schdretschpulli päp anānāndr
esset se geziert
da reddamaierroschdbroda
schleggads maul
ond saget:
des sei doch s' beschd an schduegerd
beschdimmt!

was sui hendr'm tresa deekt?
hendr deam grauhaarlächla
dreigenerationaald!
dass bloß ihre fiaß
wai deant vom schdanda.

kochābas nummero 5

1996
i war scho lang nemme do
leabet se no?
odr hat ma se au uff em fanglsbachfriedhof
naglau
leis'
en dem surrenda viereck

wo dia viele kränz
namenlosr ond bekanntr vierdelesschlotzr
d' zeit bedauret
bis zletschd au die leise surrend
weitergroichd werdet
vo deane mannd en schwarz
dia auf de weag
blos rechts ond lenks odr gradaus
kennet
dr ewigkoit entgega

Nachtrag zum Eifiehrongstext:

‚a Woch ogfähr vor dem Birofeschtlestermin läut' uff oimohl ,z Telefo.

„Guten morgen, junger Herr, i ben d'r Dr. Bertele, d'r Leiter vo d'r Hauptbuchhaltong. Kommet se gschwend amohl en 5. Schdock, i wart auf sie".

‚r hot me mit ra joviale Handbewegong uff seine Bsuchrschdühl gwiese, ond m'r bedeut', nazhogged. „Sie send no neu bei oos, ond kenned sich no edd reacht aus. Also do hann e ehne an Schbesavorschuss gricht, mit deam zahlet so nau die Rechnong glei bar, en d'r Kochabas".

Auf seim Schreibtisch lieget neabaanander a Tausender ond a Feifhondrtr.

„Nau brenget se die Rechnong mit, ond rechnet se mit ihrer Schbesarechnong ab".

I glaub i hann's Maul nemme zuebrocht.

Die Schei han e no nie gsäh ghet, ond a VW hot selbigsmohl rond Feifdauset Mark koschd.

„Machet se ihr Maul wieder zu". „Merket se sich, sie send jetzt en d'r Landeshauptschdad, ond a Herr".

Woe dees schbädr meim Groaßvaddr vrzehlt han, isch der en schallendes Glächtr ausbrocha.

Vom Gnepfleswäschr zom Hauptschdäddr!

Dees han e bis heit ed vrgessa: Dui Rechnong hot zemlich päp Zwelfhondrt-ogrd gmacht, se hend gessa- ond dronka wie'd Wallach.

...wia hoist des Liad vom Ochsa: „...gsait hend se, kommet bald wieder... (i wois nemme, obe dees morgens om halb zwoi, Trepp nuff, agschdemmt han ...

Pfui Guggug! Feschdlesbeauftragter.

Herbis Kolumnen

Rituale

Sie lachen wenn er sagt dass er alt sei. Dass er auf die siebenzig zugehe. Und nicht mehr so belastbar wie ehedem. Alles zu tun. Auf Zuruf hierhin und dorthin zu fahren. Zu erledigen. Er hatte auch immer gedacht, in einer verständlichen Sprache zu sprechen. In Schwäbisch. Seinen selbstgewohnten und gepflegten Dialekt. Seine diebische Freude in ihm bestimmte Worte zu betonen und hervorzuheben.

Kein Alltagshochdeutsch zu sprechen. Obwohl, wenn er das muss durchaus beherrscht. Vierzig Jahre Vertriebsleben bei einem großen Deutschen Elektrokonzern üben da ungemein.

Wenn er darüber ab und an so reflektiert, ist das gesagte in seiner Umgebung meist Schall und Rauch. Funktionieren, das solle nur er weil jeder seins so interpretiert, da es das geradehin wichtigste und notwendigste sei. Also alle Probleme zu lösen und quasi nur notorisch auf seinen Einsatz zu warten.

Aber er wird langsam müde. Seine Erinnerungen gehen zurück Jahrzehnteweit. Und bei Stammtischen in der Traube, bei den samstäglichen Läberkäswegge kommen ihm manchmal Geschäftsessen in den Sinn zu denen er eingeladen war z.B. in die Auberge de Ille, beim legendären Häberlin. Selten erzählte er davon, zumal sie ja heutzutage sogar in ihrer Schokoladenstadt einen kleinen Abglanz davon im Gasthof Krone haben, Maitre Giboin mit seinem Stern. Und es gibt tatsächlich den einen oder anderen, die auch an der Ille Köstlichkeiten genossen hatten.

Vor Weihnachten 2012 nimmt er sich ungefragt eine Auszeit. Nein, nicht eben mit der Card mal über den Teich, nach New York. Was ihn aber unheimlich reizen würde, so ein planloser Bummel über den Times Square. Museen. Die Museums Mile. Das Guggenheim, das Whitney of American Art, oder natürlich eine Aufführung in der Metropolitan Opera. Richtig affig im Smoking. Ein Käffchen Amerikas Lieblingskaffee schlürfen, oder'n Drink in einer verdammt obskuren Bar. Wie Crocodile, und dann auch noch eine Koslowski finden! Stinkreich.

Nein er brummelt nur, dass er mal in den Schokoladenladen ginge, zum Ritter. Trotz der fünfhundert Meter, nimmt er das Auto. Nach der Kasse bringt er seine Schätze in den Kofferraum. Er folgt einem spontanen Impuls. Geht er wieder zurück. Sein Ziel war eigentlich die Cafeteria neben dem Museum Ritter, um sich einen Cappuccino zu gönnen. Einfach so. Er hatte das hier noch nie gemacht. Hier in seiner Stadt. Eher mal in Stuttgart, als er nach zig Jahren in seinem Vorruhestand das erste mal mit ihr im Café vor dem Königsbau gesessen hatte. Und sie eine Mönchshalde getrunken haben. Und den vorüber eilenden Menschen zugeschaut. Keine Hetze mehr war bei ihnen. Um dieses oder jenes noch unbedingt zu erledigen. Den Blick zur Reitzenstein hinauf und den alten und neuen Villen der Halbhöhe. Und hinauf zum Fernsehturm. Und weil die Sonne so schön schien, ein fast vergessenes Behagen zu verspüren.

So nun auch mal aus kurzer Distanz ganz intensiv das Ritter Museums Gebäude zu betrachten. Kurz nach dem Ortsschild. An dem man immer straks vorbeifuhr. So Welt städtisch, buchstäblich hierher gepflanzt, auf die Wiese neben dem Rohrwiesen See, dieser Kubus. Mit dem Durchlass und dem verdeckten Blick auf die alte Stadt.

Dolce farniente?

Das Café ist proppenvoll. Er hatte ja beim hinfahren die fünf Omnibusse gesehen, auf dem Parkplatz. Einer spontanen Eingebung folgend ging er straks auf den Museumseingang zu. Eine moderne Glasfront und Blickfang zugleich. Ritter Sport. Quadratisch praktisch gut. Und mit dem prägnanten Ritter-Schriftzug auf jeder Schokoladentafel den der Onkel Ziegler vom Ochsen Delle erfunden hatte. Marlitt Hoppe-Ritter, die Mäzenin und Kuratorin, die ihrer und der Familie Sammlung hier einen hervor hebenswerten Platz geschaffen hatte. Nach dem Entrez umrundet er den Empfang mit Bergen von Büchern und Broschüren. Er stöbert in diesem und jenem, bis er freundlich gefragt wird, ob man ihm helfen könne. Er blättert gerade in der aktuellen Broschüre der Ausstellung „3D-Reliefs-Objekte und Plastiken" und fragt nach diesem und jenem Exponat. Dann kauft er die Eintrittskarte, bekommt ein Umhänge Gerät mit phonetischer Objekterklärung und geht im EG zur Ausstellung. Noch unkundig der Gepflogenheiten, setzt er sich erst mal auf den Wärter Stuhl und wird aber umgehend informiert dass es seitlich Klappstühle gäbe, die er benutzen könne.

Das will er dann tun, froh nicht immer stehen zu müssen um sich so in Ruhe der Ausstellung zuwenden zu können. In den vergangen Jahren hatte er immer wieder die eine oder andere Ausstellung im Auge gehabt sie zu sehen, aber nie die Zeit gefunden, tatsächlich auch hinzugehen.

Und nun geschieht für ihn etwas unerwartetes. Nicht in einer jedweden Galerie mit Gemälden alter, oder junger Meister selbst bei Dix nicht, staunt er so über die hängenden Exposés.

Eine aus dem nichts aufgetauchte Wärterin reißt ihn aus seinen Gedanken und bringt ihm einen Stuhl. Er nickt dankend, setzt sich und wendet sich dem Kästlein zu und tastet die Bilder Nummer ein. Sie nimmt ihren Stuhl mit und er versenkt sich in die gesprochene Beschreibung. Und der Erklärung. Durch das Wort wird das papierene quadratische Gebilde plastisch. Von den Intensionen der Künstler und dem Aufbau und der Aussage. Papierschnipsel werden dreidimensional vor seinem Auge und fast plastisch in ihrer Topographie. Er vergisst Zeit und Raum und beginnt fast jede Darstellung in der genannten Form zu erleben. Niko Grundler, Martin Willing mit bewegten Quadraten, Carlos Cruz-Diez mit seinen Physichromie N, ziehen ihn völlig in seinen Bann. Das Personal scheint etwas irritiert über den Besucher und beobachtet ihn und seine Erlebensweise. Bis er es bemerkt und nur murmelt: „Ja, ja- i gang ja scho".

„ No koi Sorg, i lass älles hanga". Dann macht er sich noch Notizen in sein Büchlein und manchmal skizziert er mit dem Kohlestift in seinem Moleskin. Dann setzt er seinen Weg fort, schneller als am Anfang und beschließt, bald wieder zu kommen, um seine Kenntnisse über diese interessante Ausstellung zu vertiefen und dem Ritter mehr Aufmerksamkeit zu schenken, als er es bislang getan hatte. Und das Medium Internet lässt ihn auch näher an die Ausstellenden rücken. Um sich auch mit dieser Kunst auseinanderzusetzen.

Wie 'r å echdr Waldåbuåchr
worda isch

nex isch em Augåblick me em Fokus, wia Integration ond assimilieren. Als Zugewanderte em Fleckå (sui a Schdäffelesrutschre- ausgwardiert worda ond gebora en Laichenga em Bombagrieg, ond er a Gnepfleswäschr- hend da Omweag iebr d' Hohaheimer Stroß en Schduegert, Hoffeld, Kemnat, Heumaden, Bolanda gnomma), so hend ses nadierlich dô scho leichtr ghet, au wega dr Sprôch.

Abr ,r frogt sich drondrnei, wie des friehr so war wie se herzoga send 1979. Guad, dr Vordoil war nadierlich, daß ihr Schweschdr etlich Johr drvor da Ochsa Delle gheirot hat. Se hend mit ihrem Döchdrle, dr Andrea, em Hüsli gwohnt, des en de fufzgr seim Vaddr am Karl, dr Hohensteins Ernschd baut hat. Onda em Haus hat sei Muadr, d Maria glebt. Ond obe, en dr Dachschrege, die drei.

Dr Delle isch seinrlebdag a Turnr. Durch dui Âlehnong isch ma als Nuizuzogener relativ schnell Mitglied em TSV worda. Ond so mit ihre Freind ond Bekannte zammä kommä. Durch Verei ond Schdammdisch en dui Gemeinschaft neigwachsa. Â großa Roll hend au ‚d Kendr gschbielt. Muadr- ond Kend- turna, ond dass sei Frau bald Kendrgardähelfre worda isch.

So isch en all dera Zeit älles sein Gang gangä, d' Ärbet, d' Johreszeita, d' Feschdla.

Viele Johr schbäder isch d' Maria krank ond nau au beddlägrig wordä. Se had middlrweile alloi em Haus gwohnt. Bei de alde Waldäbuächr Familiä had mr emmr zammägholfa ond es isch en vogue gwä, dass mr älle, d Familie, Nachbr ond Freind de Betroffenä beigschdanda isch. En ällem. En d'r Pfleag, butza ond kocha, eikaufä, en ‚d Abathek gangä, ond so weiter.. En dera Zeit hots no koä Pflegeheim, odr Aldrsheim em Flecka gä.

Wie nau dr Dokdr Schneider amol gsait hot, dass jetzt nemme lang gôt, â Woch no vielleicht, wars hald so wies isch'.

Älle, dr Delle, dr Gerhard, ihre Fraua, Dochdr Andrea ond ihr Freind Florian Scheiterle, d Nachbrs dr Helmut ond sei Hanne, ihr Muadr d Rosa (d' beschd Freindin vô dr Maria) hend sich ohne viel z' schwätzad eidoald, ond send rond om d Uhr bei ra gwä. Oine send au em Wohnzemmr ghoggt ond hend baadschd, wo scho de andere do waret.

Mir hend täglich von sechsa bis am achda obeds zu ra neiguggd.

Hend rā Hād ghebt, ‚s Gsicht a bissela agwäsche, mid ra gschwätzt, a bissele verzehlt. Au z' zletschd, wo se nemme āgä hod. Ond se emmr wenigr worda isch. Au ihr glois Buele isch emmr drbeigwä ond hat neiguggd zurā, vo d'r Wohnschdub niebr ens Bedd. Ond hat gwisst, dass wann ‚r d' Oma frier bsuecht hod, ‚r ab ond zu ā' naglnuis Fenfmarkschdickle gschenkt griagt hod, fir sei Schbarkässle. Ganz bsondrs hat sich dr Flori engagiert.

Nau dr Āruāf vom Karle: „Jetzt hat ses iebrschdāndā, heit morga isch se gschdorbā".

Am näschdā Dag, wo ‚r da Gerhard gsäh hod ond kondoliert, sait der zuem:

„Gell, du duaschd doch au mid soālā".

Er had absolut ed gwisst, was dees bedeided, had abr schpondan gsait:

„koa Frog, kaschd de auf mi vrlassā".

Wier nau schbädr vis a vis beim Wägnrs Richard gwä isch, sait der:

„Älla Achdong, i ben auf dr anderā Seitā. Ond dr Walter, ond no a paar draget au".

Nau had r abr sich doch draut und gsait, „jetzt klär me no au auf, wa bedeidet denn des älls".

„Ha heer, deschd doch ganz oifach, uff em Friedhof dā Sarg mid de Soāl nalāu", 'r had vor laudr

Schreck blos gniggt. Ond se hend vo ebbes anderem geschwätzt.

Erschd peue a peue isch em nau uffgāngā, uff war sich do eiglo hod. Bei älle dene Beerdigongā, bei dene ,r bisher drbei war auswärts, hots do emmr so a Gschdell mit Drohtsoil gä, mit dene s no nagau isch.

„Ond mir draged dr Sarg end Kapell ond schdelled n nā uffs Bodeschd. Ond nô au wieder naus uf dr Wagā, ond fiehred en bis ans Grab, schdelled ,n uff Bohl, ...ond nô soālā mr!"

„Kapisco, Jongr?"

De Alde kennet no des hohe Kichern vom Wägnr.

Erschdaunlichrweise war er nach der ausfiehrlichā Erklärung relativ gefasst. Erschd schbädr, en de kommendā Nächd, mehrte sich ā gewisse Panik.

Ond en so manchem Szenario schdellde er sich etliche Katastrophen vor. Seine vrschwitzte Hemmadr waret a' deitliche Schbrôch . Jerom, no ed fahrā lau, dees Soāl. Seidem sagte er auch nicht mehr Seil, nie mehr. Bloß no Soāl.

Am Tag vo dr Leicht vollfiehrad se mid groaßem Ernschd ihre Aufgabā ond Obliegāheidā. ,r sieht koine Leid, koine Vrwandte odr Fremde. Dann schdod r am Richard gegāiebr.

Ond bevor dr Friedhofsmā die Balka wegzieht, kommandiert dr Richard ganz leis: „ziehet anabr edd so arg". Duat uff oamol an rutschr ond an gwagglr uff deam feuchta Dannareis dromrom. Fangt sich abr Goddlob wieder.

Er mergt jetzt 's Gwichd en seine Birogrādāhänd.

„langsam na", sait dr Richard.

Ond nau soālad se, ganz langsam. Ond ‚s gad älles guad. Ond se hend Maria saufd naglau.

Dr Richard ziehd ‚s Soāl zruck, ond legts saubr uffgrolld nebānā. De andre ebāso.

Nau schdāndād se, ônr nach em andrā ans Grab, ond vrbeigād sich zur Referenz.

Zentnerlaschdā falled von em a.

Nach dr Trauerfeier fährt ‚r mid Seinrā ond seine Schwiegerleid vom Schdoinaberg en Draubā na zom Leichādronk.

Nach m Kaffee, Häffāzopf ond Nussstrudl, legt sich uf oimol 'a schwerā Hād uf sei Schuldr.

„Komm amôl", sait dr Wägnr.

Se ganget an Theke. Do wardet dr Kronāwirt, dr Walter. Drei Schnäps send eigschenkt.

„Heit isch ā bsondr'r Dag fir di, heit hasch zom erschdamol fir ôs gsoālād- ab heit bisch a reachdr Waldābuācher. Ab heit bisch oinr vo ôs", „koa reischmeggdr mai, , ergänzt dr Wägnr.

Es kommen de andere Soālr drzua. Es kommen dr Karle ond dr Gerhard. Nomôl oin.

Ond dr Gerhard sait: „Ond was gsagt isch, gilt", ... ond nomôl oin ...

Obends em Flecká

Bei Gleagaheid isch dr Obends nach em Gschäft mit em Hood no naus ond iebr Felder ond durch Wiese gschlorbet. Manchmol wars, dass dr Weed wia en Wella, amohl lauter ond nau wieder leiser, s Gloggagleit vo dr Schdadkirch hergweht hot. Nau isch em uf oimohl des Bild vom François Millet vor Auga gwä, vom Angelusläutá, mit deane fromme Baura Leit, des r amohl en dr Staatsbibliothek gsäh hot. Wie se schdehet ond Händ gfaltet hend. Neba dranna a Schieb, der nach vorne gebogende Schubkarra, mit deam ma frier Säck mit de Kartoffel, oder s Heu hoimbrocht hot.

Ond no isch r schdanda bliebe ond hot gloset, bis Beatläute rom war.

... ond wenn r no so ällemol an die Reisebeschreib-
onga vom a Goethe denkt, on wie'r „oizechte Eicha
auf d'r Drift" gsäh hot, am Deiflsbruch, uf seinra
Rois nach Italiá, kurz vor Tibeng, nau fällt em uff
oimol au so alds Lied vom Gsangvrei ei'. Dees wo se
heit' mit Sicherheit nemme senget. i hann nochgs-
chlage em „Tascheliederbuach für deutsche Män-
nergsangvereine AGst 1920 vo meim Opa:
des Gedicht vom Franz Abt

Die Nacht

Die Abendglocken rufen
das weite Tal zur Ruh,
die Herden von den Bergen,
sie ziehn dem Dörflein zu.
Welch feierliches Schweigen,
die Blumen fromm sich neigen,
sie kommt mit ihrer Pracht,
die stille Nacht.
die stille Nacht

Da schmücket sich der Himmel
mit Sternlein groß und klein,
da kommt der Mond gezogen
in hellem Dementschein.
Wohin ich immer spähe,
fühlt alles deine Nähe,
fühlt alles deine Macht,
o stille Nacht!

o stille Nacht!

… so meget se no au frier ihre Viechr nach em Beat-
leida vo dr Waldweide radrieba han, an de Schloss-
gärta vrbei, nuff durchs Tor. Hend's no am Bronna
saufa lau, ond nau en ihra Schdäll nei do.
   Ond „sie kommt mit ihrer Pracht- die stille Nacht
… Ond Donklheit em Flecka.

nau dr Omgang vom Nachtwächter:

Hört ihr Herrn und lasst euch sagen
Oosr Glock' hat 9 Uhr gschlage…

Hört ihr Herrn und lasst euch sagen
Oosr Glogga hot 11 Uhr gschlage
bschdellet schnell no a Viertele, a volls
drhoim,
do wartet s Nudlaholz.
Menschenwachen kann nichts nützen-
Gott muss wachen, Gott muss schützen,
…wer jetzt nicht zu Hause leit,
hot beschdimmt a beeses Weib…

ooond wiá se nau hoimdorklet send, vom Rabbá,
mit dr Schdalllatern en dr Haad.

Ja, so isch nau au wiedr!

Der Besuch

Er hatte ihn angerufen. Einfach so. „Komm glei, mir drenket oin". Waren seine Worte. Dann hatte er aufgelegt. Einfach so. Er hatte nichts sagen können, erwidern. Und er kannte ihn eigentlich nicht richtig gut. Sie hatten sich vor Jahrzehnten einmal bei einer Vernissage getroffen und waren ins Gespräch gekommen. Und so ein wenig angefreundet. Eigentlich waren sie in vielem kontrovers, aber es war doch so etwas wie eine Freundschaft entstanden. Sein Haus steht fast ein wenig einsam am Rande des Schönbuchs mit Blick über das Ammertal, umgeben von Streuobstwiesen. Es war ein Kiesweg zum Haus, der bei jedem Schritt knirschte.

Das Gartentor schrie nach Öl und quietschte erbärmlich, als er es mit der linken Hand aufschob. Er schloss es darum auch nicht. „Soddschd amol eelá" sagte er beim Eintreten. Ohne weitere Begrüßung. Er hatte sie gleich gesehen, auf der Terrasse. Sie und ihn.

Mit einer jovialen Handbewegung bedeutete der Andere ihm Platz zu nehmen. Seine Frau sagte nichts und sah wie durch ihn hindurch dem nahen Waldrand zu.Wortlos schenkte sein Gegenüber den Roten in die bereit stehenden Viertelesgläser. Und reichte ihm das volle Glas, das er auf den da liegenden Untersetzer stellte. Der Blick des Freundes war irgenwie anders. Leer und ohne das Feuer, das er aus ihren Diskussionen kannte. Irgendwie abwesend. „Hock de ná oond drenk", sagte der.

Seine Frau lächelte unvermittelt, sagte aber nichts und schaute weiter in die Ferne.

Diese Situation. Ein kalter Hauch erfasste ihn. Gesprochen wurde lang nichts und auch er vermied in dieser unwirklichen Situation einen Satz zu beginnen. Wo war er nur hingekommen? Was war los? Dann blickte er von einem zum anderen. Es war Reif auf ihren Gesichtern. Dann tat er einen tiefen Schluck aus seinem Glas. Der Bekannte hatte die Fäuste geballt, dass das Weiße an den Knöcheln hervortrat. Plötzlich keuchte er nur ein Wort:

„Demenz".

Mehr sagte er nicht. Dann wieder Schweigen. „vrschdasch'- sui kennt me nemme"! „Vor á baar

Wochá frogt se me: Wer send sie"? „Sie, was machet sie en meim Haus"? Ond dann pletzlich: „Wo ben i"? „Vrschdasch"?

Und die Augenlieder seines Gegenüber flackern. „Komm mir ganget a Schduck". Sie gehen durch das halbhohe Gras der Streuobstwiese. Apfel und Birne in voller Blüte. Wie wenn die Natur Hohn und Spott über sie ausschütten wollte, regnet es weiße Blüten. Wie Schnee bedeckt es bei jedem Windstoß Haar und Jacke.

„Do hock na", sie waren an einer grob gezimmerten, uralten Bank angekommen. Er holte sein Sacktuch aus der Hosentasche, wischte den Platz an der Bank und legte das Tuch darauf. Dann setzte er sich. Der Bekannte grinste. „Pedant". Er sagte nur: „schwarze Jeans".

Ich will dir etwas erzählen, das, warum ich dich gebeten habe, heute zu mir zu kommen. Ich kann mit niemand darüber reden.

Seine Augen bekommen einen hellen Schimmer. Trotzdem schweigt er lange, wie wenn er sich sammeln müsste. Dann, fast explosionsartig beginnt er zu reden, zuerst leise, dann lauter. Er schaut den Freund nicht an. Sein Blick flieht in die Weite des Ammertals. Und seine Stimme hatte plötzlich einen anderen, sanften Klang.

„Sie stand plötzlich vor mir. Langes blondes Haar. Helle Augen. Rote Lippen. Mit einem kurzen Schottenrock Mini. Sowas von Mini. Mit einem Strech Pulli, der sich über ihren süßen Busen

wölbte. Süße Beine. Und so kleine, flache Schüh-
chen. Und die langen blonden Haare, die bis auf die
Schulter wiegden".

„Verstehst du. Vor fünfundfünfzig Jahren. Vor
dem Aufzug der Firma".

Er sieht ihn an und wieder ist dieses unermess-
liche Entsetzen in seinem Blick. „dann?", „was hast
du gemacht".

„Ich bin aufgestanden und habe sie in meinen
Arm genommen. Irgendwie ist sie dann ruhiger
geworden".

„Ich habe den Arzt angerufen".

Der auf unerklärliche Weise nach einer viertel
Stunde da war. Nach der Untersuchung stellte er la-
pidar fest, „ich habe ihrer Frau eine Beruhigungs-
spritze gegeben".

„Allen Anscheins leidet ihre Frau unter einer
ausgeprägten Demenz. Und ich gebe Ihnen eine
Überweisung zu einem Neurologen". „Was heißt
Demenz?"

„Sie hat sie nicht mehr erkannt und ist wohl er-
schrocken, sie hier zu sehen". Ich war wie erschla-
gen.

„Wir sind rund fünfundfünfzig Jahre zusammen.
Denk dir. Und es ist ja nicht nur die Vergesslichkeit.
Unser ganzes bisheriges Leben. Es ist alles ganz
anders". Freund. „Und manchmal räumt sie auch
nichts mehr weg. Sie lässt alles liegen. Uriniert und
verkotet alles.

Weißt Du was das heißt, von gestern auf heute,

alles ist anders. Du kennst sie. Du kennst ihre Phobie sich zu richten, zu schminken". Ich mache hier alles.

„Und dann meine Entdeckung, Freund. Ich habe im DM Markt Höschenwindeln gefunden. Mit Rüschchen an den Enden. Stell Dir das vor"!

„Und ich muss sie ihr anziehen. Immer wieder. Bei Nacht aufstehen. Sie hinausbegleiten 4, 5 mal. Ich koche ich putze. Und sie kennt mich nicht mehr. Fragt was ist heute für ein Tag. Wer sind sie. Was machen sie hier".

Und waschen, Du ich hatte ihr immer die neuesten Geräte gekauft. Weißt Du, dass man Seidenblusen nicht kochen darf...

Er hatte die Flasche am Hals hierher getragen und die Henkel Gläser am Zeigefinger eingehangen. Jetzt schenkte er ein und reichte ihm das Glas.

„Herrgott, ich liebe sie wie am ersten Tag". „Es kann doch nicht ein Teufel ihr alles aus dem Hirn brennen. Es kann doch nicht sein, dass sie immer weiter verschwindet, weiß Gott wo hin und nur ihre Hülle letztendlich bei mir sitzt. Sag doch auch was, Freund".

Während der einen Schluck nimmt, fällt ihm ein lieber Bekannter ein.

Inge Jens hat ein unendlich trauriges, aber wunderbares Buch über die Krankheit und die letzten Jahre mit Walter Jens geschrieben. Er hatte es zig mal gelesen. Und nun das bei seinem Freund. Was sage man ihm. Was sagt man Jemandem, der von dir Rat oder gar Hilfe erwartet.Und es fällt ihm nichts dümmeres ein:

„Du kannscht an dera Situation nex ändere. Nemms á, wie's isch. Ond mach ihr jede Schdond schee. Ertrag ihre schdändige Frogá. Werd ed narret. Fier se omanandr, koch rá ebbes gueds. Oond wenn se de nemme kennd, sag oifach, i benns doch, dei Schatz".

Himmel aberau, was sagt man in solch einer Situation. All die Ratschläge, so banal sie auch sind, sind in ihrem Kern so wahr. Therapeuten und Arztbesuche so zwingend.

Ein monatelanges, elend langes Miteinander zu zweit, ist das Reale. Und muss bewältigt sein. „Und dabei hilft Dir nur das was du vorher gesagt hast, Deine Liebe zu ihr".

„Und immer wieder geduldig ihre Fragen beantworten, nicht unwirsch werden, …ja Schatz heute ist Freitag".

Wenn er ihm jetzt sagen würde, wenn dir die Decke auf den Kopf fällt, ruf mich an. Das wäre zu banal.

„Du musst mir dann auch sagen, was ich tun muss, um Dir eine Hilfe zu sein".

Sein Blick hatte sich in dem Gespräch nicht verändert und er hat begriffen, wie wund er war.

Und dass Worte allein nicht heilen können. Da, und das wird ihm klar, da muss mehr kommen.

Als erstes nehme ich das Büchlein von Inge Jens und fahre auf den Tübinger Friedhof, denkt er. Setze mich an das Grab von Walter und lese darin, denkt er. Es ist so viel gesagt, von der Inge, das ihm jetzt helfen kann. Und dann will er doch versuchen, seinem Freund ein Freund zu sein. Sie verabschieden sich am Tor. „Sag Deinerá en Grueß", verabschiedet er ihn. Er fährt das Ammertal zurück, nach Herrenberg. Und dann über den Berg seiner Heimat zu.

Vorred' Literarische Soiréé in Timo Böckles Reussenstein, vor einem trefflichen 7-Gänge Menue

en de vrgangene Jahrzehnte hat dr Vorleser emmr wieder gewaltige Schwierigkoite mit dr Áschbroch bei seine Reda ghed. Nau hen'd s ‚n amol uff an Rheorikkurs gschickt. „Wirkungsvoll auf Partner eingehen". On do hot glei' am Áfang dr Dr. Gellert aus Gellnhausa gsait, ma sott' seine Zuhörer net glei am Áfang vorsätzlich alügá...

„Meine,... liebe,....sehr geehrte, ...Dama ond Herre,.... wenns halt no au emmr so schdemme dät !?...

En dene ganze folgende Jahrzehnte hat mr emmr ‚z gleich' Dilemma ghed. Juschtament bei dr Vorbereitong zo deam Reissaschdoinr Obend- die Erkenntnis!

Ausgerechnet beim Georg Bahmann, ama Heslacher Journalischta ond Dichter, dem Herausgeber der Bürgerzeitong Schduegerter Süda, hot ‚r en seim Büchle „Lebensweisheita".... die Lösong fonde!

Also hebe ich nun an, ond schbreche daselbschd zo ehne:

...die Worte:

liebwerte Fraua, schöne Herra!........
...und wenn ich mich so umblicke...

koi Kritiker oder Rezensent ka dau ebbes drgega saga!

Für alle, die mich nicht kennen, will ich mich gerne geschwind vorstellen: Mein Name ist Herbert Demel, in meinem jetzigen Beruf bin ich:

„Rentner".

Trotz eines streng strukturierten Tagesablaufes

leiste ich mir den Luxus, in zwei doch sehr auswärtigen Vereinen Mitglied zu sein.

Einmal ist das der Verein Schwäbische Mund.art in Herrenberg-Gültstein, und der Verein Schwäbischer Dialekt in Tübingen-Rottenburg.

Diese Vereine haben es sich zur Aufgabe gemacht, in Vorträgen, Stammtischen udgl. die schwäbische Sprache zu fördern und pflegen. Dort kennt man mich weniger unter meinem Namen, als sozusagen dem Synonym „d'r. Waldabuechr".

Ich halte mich bei Vorträgen und Lesungen grundsätzlich an selbst auferlegte Regeln:

„einmal, es allen recht machen zu wollen, ist grundsätzlich falsch"! Dann ist man Mittelmaß!

Dialekt- oder schwäbische Sprache kommen auch heute nicht zu kurz, obwohl den Anfang der Jahreszeit entsprechend, der Herbst gestaltet.

Ond so grüße ich Euch ganz herzlich:

liebe Gäste und Teilnehmer der Literarischen Abendgesellschaft in Timo Böckles Reussenstein.

In den Jahren von Sturm und Drang bat ein Gastgeber Freunde, Bekannte und Sonstige zu einer Geselligkeit in seinen „Salon".

Zu einer musikalischen oder literarischen Abendgesellschaft, wenn grad ein Kinschtler oder Dichter om dr Weag war.

Bevor die Tafel freigegeben war, durften oder

(mussten) alle Anwesenden Musik oder Literatur hören und bei Kerzenschein waren das der Höhepunkt. Nobleachte Leute sprachen auch von einer Soirée.

Sie, oder Ihr musstet heute nicht ein- oder zweispännig mit dem Landauer oder gar der Stall-Latern uff Beblenga, und wie sehe, sind Sie alle wohlbehalten eingetroffen.

Gottlob.

Lassen Sie mich zunächst auf die einzelnen Abfolgen des heutigen Abends eingehen.

Die einzelnen Menue Gänge sollet ehne ,s Maul wässrig machá. Vom „Amüs Göl" bis zom Käsgang.

Wia saget de ganz Alte: „dass má á reachte Schlóndschlage kriegt!"

abr vorher wellet m'r ,s Glas erhebá, ond á Schlückle doa, oder nach dem alten Motto: „Prosit Gurgl- ,s kommt a Pflatschreag!"

Stammtischrede vo oim

Wo's d Lenda no gä hot, mit dera legendärá Schlachtplatt', hot dr Hans nach em dritta Ferrari amol folgendes zom Beschda gä:

Ja, Ja, ,d Marie on d'r Ottmüllrs Emil

'z Gaschdhaus zom Hirsch isch bei oos amol a reachde Wirtschaft gwä. Hasch misse 'd Trepp nuff, en da erschda Schdock.
  D'r Hirschwiert isch en feinr Ma gwä. Ond ágsäh.

Mitglied im Taubazichtrvrei, bei de Kleintierzichtr, de Schütza, de Fuasballr, ond woiß Gott wo no.

Ama Freitichmittig isch 'r amol aus em Fenschdr gloinet ond hot schbaziere guggd.

No isch grad Marie vom Feld komme. Wie se bei nem war, hot se nuffgruefe:
     „Emil, hosch du Blaschdig Eier?"

Do isch d'r Emil abr zoarnig worde, ond hot zure nabäfft:
     „du Loas, du firtige,
     i frog di doch au ed, ob du a Blechbix hosch"!

Auszug bei einem Traugott Armbrüstle Fest im Dinkelacker Braukeller en Heslich

(weil mr nemme zom Heeb isch)

Wie Traugott Armbrüstle die Schiffsschraube erfand

nach einer Heidenheimer Recherche

als ihn die Lisa einmal mit einer Erbswurstsuppe überraschte, Traugott hatte zuvor schwerste Arbeit in der Afternhalde verrichtet und außerdem vormittags sieben Viertel Trollinger verkostet, sagte er:

„Pfui Teufel", „des kannst du selber essa- i gang' end' Stadt".

Er drehte sich um, klappte die Haustüre mit einem rechten Bumms zu und tappte los.

An der Planie rumpelte er mit einem zusammen und brummte: „Du Haaraff', kannscht' et' aufpassa, du Depp du verkommener".

Der Angerempelte drehte sich um, sah ihn an und schnaubte: „Dass ma so verkommene Heslicher ieberhaupt end Stadt nei lasst g'heert verbota und no so an breimaulátá Siech- grieß de Traugott".

„Ja, jetzt leck me no du am Arsch", antwortete der Traugott. Der vor ihm stehende war kein anderer als Busemann Körble, Korbmacher aus Cannstatt und geachteter Philantrop- also genau der, von dem Willi Wiedmann vor Jahren im Bärenschlössle erzählt hatte. Und genau der, der später nach Frankreich emigrieren musste, weil er einem königlichen Husaren in den Stiefel geseicht hatte.

Und weil die Franzosen seinen Namen nicht aussprechen konnten, hatten sie kurzerhand aus Busemann Körble „le Corbusier" gemacht, von dem später ja einiges zu berichten war. Kurz und gut, nachdem sie sich dem Anlass ihres überraschenden Zusammentreffens gemäß noch einige liebenswürdige Worte an den Kopf geworfen hatten, beschlossen sie einen zu heben. Weil sie ja nun gerade vor dem alten Waisenhaus standen, gingen sie hinein, setzten sich unter den Alkoven und die Aufwärterin fragte:

„An Moschd- oder an Wei, de Herra"?

Nur bei dem Gedanken an einen Moschd, erfasste beide ein solcher Leibschmerz, dass sie nur noch erbost keuchen konnten: „an Trollinger". Sie brachte den Dreiliterkrug, worauf der Traugott meinte:

„Was für kloine Häfelá se afangá em Städtle hend, des sauf' e' ja allói". Während ihrer Unterhaltung erzählte Busemann Körble, dass er en den nächsten Tagen auf die Alb misse, seine Schwester sei beim Schlosser Voith in Heidenheim in Stellung und dera müsse er a' Geld vorbeibringen. In Anbetracht der persönlichen Nöte mit seiner Lina und der Erbswurstsuppe, beschloss der Traugott spontan, sich an der Tour zu beteiligen. Busemann Körble war hochbegeistert von dieser Idee, so dass sie sogleich einen neien Krug bestellten.

Danach aber eiligst aufbrachen um die nötigen Vorbereitungen zu treffen. Dass sie vergaßen, die Zeche zu bezahlen, ist anhand der Sachlage verständlich.

Als ihn allerdings am Calwer Eck ein Schutzmann am Schlawittich fasste und streng sagte:

„Nach em saufá duat ma zahle, aber vorher sperr' e' de ei"

So fanden sich die Freunde bald wieder, denn den Busemann hatten sie am späteren Hauptbahnhof erwischt.

Nach einer längeren Diskussion, weil se g'moint hättet, dass der andere zahlt, einigten sie sich jeder auf die Hälfte und das Waisenhaus hatte keinen Schaden.

„Dui Rois' fängt aber gut a' „ meinten sie, als sie wieder draußen standen.

180

Die Lisa machte ein mords Getöse, als sie von den Absichten ihres Gatten erfuhr.

Der sagte nur:

„Wenn weiter so salbaderescht, nau gang en Wengert, ond schrei die

Degerlocher Spatze a', die meine Trauba fresset. Ond wenn e' hoimkomm, ond s' isch wie jetzt, nau kannscht du a' halb Johr Erbswurschtsupp fressa, abr i gang vorher scho nach Amerika".

Mit einem Felleisen, durch das sich Traugott seinen Wanderstecken geschoben hatte, machte er sich auf den weg. Heimlich hatte ihm Lina ein Stück Rauchfleisch und einen Backsteinkäs hineingeschoben, ond an Renka Brot.

In der Tübinger Straße stand ein Leichenwagen, ond als er fragte, wo se denn mit dera Leich na:wölleten, meinte einer der Leichenträger:

„Ieber Cannstatt nach Schmida".

„Dees keme ihm gelegen" sprach darauf der Traugott, ob se ihn mitnehmen täten, er hätte für unterwegs auch einen Schnaps.

So war der Traugott unsersehens zu einem Fuhrwerk gekommen. Und wenn er nicht zurückschaute, wars grad so, wies wär, wenns et so wär. Die Sonne schien. Nur ab und zu furzte ein Gaul.

„Das wär' so", sagte der Fuhrmann. „Des läg' am Futter".

Was der Traugott bestätigte und er dachte an die Erbswurstsuppe und nicht an die Lina.

Busemann Körble staunte nicht schlecht als er die Fuhre sah. Sagte aber nichts und setzte sich ungefragt vor den Sarg und lies die Beine an der Deichsel hinab. Eines links und eines recht. Er hatte auch einen Fünfliterkolben Cannstatter Zuckerle dabei. Der reichte bis Fellbach auf die erste Anhöhe. Und weil die Gäule auch an jedem Brunnen saufen mussten, sank der Pegel im Kolben, denn er hatte ihn nach oben gereicht und nahm ihn wieder ab.

Die Sprache wurde etwas undeutlich:

„sssssssss iiisch' fei' no' weit nuff".

Manchmal machte der Sarg einen Hopser, wenn sie etwas zu weit rechts kamen. Worauf Busemann Körble jedesmal beruhigend nach hinten rief:

„Bleib no ruhig liega, dees war bloß a' Hubbel, du Dubbel" Nachdem er keine Antwort vernahm, konnte er sich wieder an den Gesprächen der beiden auf dem Bock zuwenden.

„Du, sag amal, mit wieviel Gäul send' denn mir losgfahra"?

„sssszwoi, glaub i"

„Allmächtiger, warom send's jetzt drei"?

„OOOOins,, ssszwooooi, ddddrei, vvviiiier".

„wenn dees so weitergeht, nau kannscht am Berg Galopp fahra".

Wer glücklich reist, kommt auch voran. Der Zufall wollte es, dass justament in dem Augenblick als sie vor dem Ochsen in Fellbach hielten, der Schorndorfer Bote die Treppen herunterhagelte.

Eigentlich wollten sie sich ja für die weitere Strecke ins Remstal stärken. Und nun das.

Sie halfen dem armen Mann auf die Beine und brachten ihn zu seinem Fuhrwerk.

Der sagte:

„i schreib me' Remmele, ond hoißa du ‚e Guschdl. Droba ben e jetzt, aber wer loitet"?

Busemann Körble meinte, wenn er net reiten müsste, sei des eine Kleinigkeit. Traugott kletterte auf den Bock, Busemann in den Wagen. Der Gustel ist fest eingeschlafen.

Ein Heslicher kann alles. Er fasste d' Leitseil und klatschte sie auf die Pferderücken daß es knallte. Guck, und die Gäule zogen an, jahrelange Übung nach dem Ochsen.

Als Traugott wieder aufwachte, war es früher morgen, so um viere, oder fünfe. Das Fuhrwerk stand vor einem Haus, in einer Straße.

Aus dem Haus keifte eine Stimme:

„Isch 'r wieder da, der Saukerle, ond wieder sternhagelvoll" Jetzt war Traugott hellwach.

Es war nicht die Lisa!

Gott sei lob und dank. Der Schreck war ihm in alle Glieder gefahren. Das Gezeter wurde lauter. Nun wurde auch der Gustl wach.

„Sei still Weib, du weckscht ja de ganz Nachberschaft auf".

Seine Verwunderung wurde groß und größer als er den Traugott bemerkte und dann auch noch den Busemann.

Schnell klärten sie die Sache.

Sie blieben zwei Tage, denn es war gut Futter beim Gustav und seiner Amalie. Und er hatte ein Fass Winterbacher Hungerberg im Keller....

Nach einem rechten Schoppen, der Traugott hatte die Amalie auf dem Schoß, dichtete er die Worte:

Am Bergele, am Bergele, dau gat a arger Wend'
Ond weil s' au no ihr Röckle lupft nau gibt es halt a Kend.

Darüber war die Amalie so beglückt, denn d'r ihr häb ihr no koi Gedicht g'macht. Bloß so ähnlich an Kend.

Fuhrwerke aller Art verließen die Stadt und so nahm sie ein freundlicher Kutscher mit, bis nach Heubach. Von dort erstiegen sie mit Geschnaufe und Gepläschke den Rosenstein.

Traugott Armbrüstle verfiel in eine tiefe Melancholie:

„Lauter Bäum- ond koine Reba, wo ben i bloß nahkomma" und ganz hinten in seinem Gedächtnis machte sich eine kleine Sehnsucht breit, „ond mei' Lina v'rscheicht jetzt grad Spatza".

Nach zwei Tagen sahen sie Schloß Hellenstein und fragten sich zum Voith'schen Haus durch.

Sie wurden wohl aufgenommen und Traugott fand in der Wirtin vom weißen Roß in der Hauptstraße eine wohlfeile Gönnerin, die ihn mit manchem Remstäler versorgte.

D'r alt' Voith fragte ihn einmal:

„Ist er ein Küfer?"

„Noi", antwortete Traugott „i bin a' Wengerter"

„Ja was" sagte der Voith „Nau kann er mir ja glei' meine Fäßla abstechen, aufschreiben, was i wieder brauch. Ond zwei Kreuzer kriegt er auch dafür".

Der Traugott sagte: „Ha" und dachte, vor allem an Wei. Den viela Moscht kann ja koiner saufe- und vertrage scho gar et.

So machte er sich am nächsten Tag in den Keller. Bewaffnete sich mit Papier, Tintenfass, Schlauch, Glas und Holzhammer.

Nach dem fünften Faß kam er an einen Braudbiramoschd.

Der perle im Glas wie ein Cannstatter Säuerle. Er trank einen Schluck und dann holte er den Krug, den er füllte. Nach dem zweiten begann er zu lachen und zeichnete Kringel aufs Papier. Zuerst kleine, dann immer größere. Dann betrachtete er sein Werk. Bemerkte: „eine Wasserröhrung" und schlief ein.

Als er aufwachte war die Kerze schon fast herabgebrannt und er ging ins Bett.

Mitten in der Nacht nahm er den Gedanken wieder auf und er zeichnete daneben ein Spatenblatt. Und noch eins.

...und wenn man drei Schaufeln auf einen Stiel setzt- und dreht- müsste es einen Vortrieb geben...

Dieser Gedanke ließ ihn nicht mehr los und er verschwand tagsdarauf in den Felsen hinter dem Haus. Und er zeichnete so lange und veränderte seine Zeichnung . Er setzte die Schaufeln 15 Grad nach innen geneigt an die Welle und er wusste, das gibt was ganz großes.

Dann schrieb er in eine Schaufel „TRAD" Traugott Armbrüstle Deutschland.

Justament 3 Wochen vor ihrer Ankunft hatte J.M. Voith einer jungen Techniker eingestellt. Schneider hieß der.

Weil den Traugott diese Arbeit sehr erschöpft hatte, bezog er der kurzen Wege wegen, sein Logis ganz im weißen Roß. Blätter und Zeichnung hatte er vergessen und es war kein Wunder, daß jener Schneider darauf stieß, als er seine Kammer im Voith'schen Haus bezog.

Sofort erkannte er den genialen Konstrukteuer, der hinter diesen Entwürfen stand. Nur TRAD verwirrte.

„trad'schde links rom, trad'schde rechts rom" war seine Eingebung und er begann zu zeichnen und zu messen, zu überprüfen. Und zuletzt baute er ein kleines Muster und legte alles in seine Lade.

Dann brauchte er nur noch zu warten, bis die Engländer die Dampfmaschine erfanden.

Voith in Heidenheim meldete mit seinem

Konstrukteur den „Voith- Schneider-Propeller" zum Patent an.

Auf allen Zeichnungen aber steht unten rechts, an dem Schaufelblatt TRAD.

Sie sicherten zu dieser Frist das Patent.

Ein gewaltiges G'schäft, und liefern in alle Werften, von der Ostalb- an die See.

Der eigentliche Erfinder aber- ihr wißt es genau- ist niemand anderes als Traugott Armbrüstle, Heslach, ond ein rechter Bratbirnenmoschd.

Viel später, Traugott Armbrüstle lehnte an seinem Rebstock, das Vierteles Glas in der Hand, ärgerten ihn wieder die Degerlocher Spatzen. Da fiel ihm sein Propeller ein.

Spontan verzog er sich in sein Wengerterhäusle, zerstörte Blechbixa und hämmerte und schraubte. Zuletzt schrie er nach einem allmachtslangen Bohnenstecken und darauf nagelte er sichtlich stolz ein Fleigerle.

Die Stange rammte er zwischen seine Rebstöcke. Der Propeller drehte sich nicht nur allmächtig bei jedem Wind, sondern vollführte auch ein rechtes Gebrumm.

Kein Spatz lies sich mehr sehen.

Glückselig über diese großartigen Erfindung saß der Traugott zufrieden bei seiner Lisa, die ihm zur Feier des Tages einen Hasen gebraten, den der Dokter vom Katrinenhospital überfahren hatte.

Ond Schpatza.

Bloß die Heslicher, generft vom Brummen aus der Afternhalde, warteten viele Jahre auf die Gründung der Grünen.

Vielleicht bauet se in die Kaltentaler Luftschneise doch noch so eine Surre, dass heutzutag' der Strom bald von so ra' drehschde lenksrom- oder drehschderechtsrom TRAD- Maschine kommt.

Jetzt edda bloß für'd Schiff, jetzt au' no für d'r Strom.

Traugott Armbrüstle, ond em Bratbirnenmoschd sei Dank, dem alleinig diese Erfindung für die Menschheit zu danken ischt.

(au' wenn er hat bloß an Schiff antreiben wöllen).

So dankt die Wissenschaft auch ihm noch den Begriff des:

„Multiplikators"!

Prost!

Nachtrag des Rechererchierers:

Der Verfasser war wegen Recherchen des Wellenantriebes u.a. in den Voith'schen Archiven zu Heidenheim an der Brenz tätig geworden. Es kann nach diesen Ergebnissen nicht mehr dem damaligen Herrn Schneider (Voith-Schneider-Propeller Schiffsantriebe) der alleinige Verdienst über eine

„menschheitsbewegende" Erfindung zugesprochen werden.

Wissenschaftlich genannt „vs" (versetzte Spatenblätteranordnung). Sondern nachhaltig -dem Herrn Traugott Armbrüstle, daselbst im Stuttgarter Flecken Heslich- wohnhaft. Leider ist kein nachhaltiger Zeitraum der Erfindung dokumentiert, der T.A. hätte nachweislichen wissenschaftlichen Verdienst dokumentieren können!.

Schneiders Verdienste gründen zweifellos in der später aufgenommenen Vorplanung auf TRAD- und seinen (Schneiders) strömungstechnischen Verbesserungen, und deren Einbringung in der Voith'schen Planungs- und Entwicklungsanstalt, mit den gegebenen Möglichkeiten der Bassain- und Strömungstests.

Resumee: Die neuen Erkenntnisse des Verfassers haben – trotz leidenschaftlichen Vortrages und Dokumentation – keinen wissenschtlichen Nachhall gefunden.

So werden diese -neuen- Erkenntnisse überstellt, anno Domini 2011, am

1. Wodansdag em Brachet, dem Lordsigelbewahrer der Traugott Armbrüstle Gesellschaft, Herrn Georg Bahmann, alldaselbst.

Auf dass spätere Generationen segensreiche Schlüsse daraus ziehen.

...so stimmten sie dann alle im Braukeller fröhlich

das wunderbare Lied von der Lisa an, das Dieter
Otto so trefflich zu deklamieren wusste:

Komm, Lisa komm, ach bring den Roten her,
komm' Lisa komm,
ach bring den Roten her!

Ursprung SWI Verlag Illustrat. Höllering/OZ Traugott
Armbrüstle. mdl. Freigabe Bahmann 2011 Üg. Text, s. a.
Google/ Traugott Armbrüstle Heslach

Anhang 1 Gedichte

ähre im Feld 1

halm
ähreschwer
trockendürr
dich bricht
nur stahl
oder böhige woge
des wetters
zum segen
oder
vernichtung

ähre im Feld 2

gedanken
über nahrung,
die
heute vom supermarkt
kommt
nicht mehr vom feld
von den weiten
der u.s.a.
zwölf doppelzentnermark
dem landmann
o EU!

am geburtstagsfeste 2008

wie gerne spricht man liebe worte
in einer folge fort und fort
speist am geburtstag festtagstorte
und feiert gern an jedem ort

wie gerne sagt man liebe dinge
die man so oft gedacht nur hat
und richtet her dass man fast springe
nen' schönen tisch und isst sich satt

wie gern erkennt man in dem andern
mit freude jedes gute tun
sieht ihn dahin ins leben wandern
ohn rast und ohne sich oft auszuruhn

wie gern wünscht man es so für immer
und alle wünsche nie vergehn
mit hellem kopf und sorgenfrei
die welt und mehr herzlich zu verstehn.

arbeitsplatztod 98'

den stummen aufschrei der betroffenen
haben lobbyisten kühl kalkuliert. kein volk
der welt
tötet seinen arbeiter! hundstihl
sind täter am Exodus. bankgesteuerter
estabishmentkapitalfluss
hat den loderersteinkühlerarbeiter
stumm gemacht.
aber mit dem arbeitertod beginnen die
möchtegernindustriellen
ins eigene grab zu schauen; schaufelt,
ihr arbeiter! hebt es aus!
nur der starke, große globalfresser lebt künftig
börslich.
sie haben ihren mittelstandpfad
der großmannsucht geopfert.
jetzt sind sie die gejagten
der opferstein blutrinnend heißt
ebit
und wallstreetaufmerksamkeit?
vermessenheit

bei der liquidation fühlt der arbeiter keinen
trost
sein zwanzigdreißigvierzigjahremalochen end'
mit dem
sequesterspruch.
und die wallstreet ist atlantikweit.

Betriebsratskollegen 98'

*oder Streicherhohn...."Ihr alle seid..."
*oder Loderertrauer

wir alle haben es gesehen
wir alle haben geschwiegen
wir alle haben sie alleine gelassen
wir alle waren progressiver
wir alle waren kollegialer
wir alle waren viel kommunikativer,
chefgesprächsuchend was denn?
gewerkschaftssolidarisch?
quatsch!

jetzt, wo wir dran sind, wir alle
....sind wir die minderheit!
freitagsprucharroganz:
„wieviel prozent der belegschaft
vertreten sie denn?"

Herr von Pierer geht Analistengetragen
in blühendem Garten.
So wie den Schaffertod der Populist
zynisch belächelt,
steigt der INDEX an der Börse.

... und ich ... hab' auch nur geschwiegen ...

am baggersee

während julian
kirchentellinsfurter
wellen pflügt
sind
meine
gedanken
sandtrübe.

Betz-Parkplatz Ebersbach

während
ich auf winterstein warte
sehe ich rückspiegelblau
den trucker
gaskocheressen
gedankenverlorener
blick
schwarzhaar
furchengesichtig
heimatverloren
nebelalb
gedankenziehen
istanbulanatolienweit?

blättertorbogen

der biker
sieht nicht
den molch
im feuchten
graben
und nicht
das leben
zwischen
dem halmen.

herbstwiese

das birnbaumrot
vor dem grünen
wasserreservoirhügel
sticht in das herbstblau
des himmels
und der kalte wind
kündet
den ausgehenden herbst

späte heuet mit zweiter öhmd
waren 1996
die vorläufer
für den fünfzigsten winter

degas portrait

erregt von dem gesicht
nehme ich die kohle
nachempfindend
ertastend
male ich aus dem gespür
degas!

später verbessernd
ölkreidewuchernd
meine ganze verehrung
sendend
dem papier
„Mein Degas"

dezemberfrühe vorweihnachtszeit

zwischen allerweltsterminen
geschenke denken für die lieben
hetzen durch die königstraßen
wo sie an ecken jetzt kurrende blasen
wartet laut die heil'ge nacht

schnelles hasten, kurzes rasten
mal mit glühwein oder sekt
hetzen durch die königstraßen
wo sie an ecken jetzt kurrende blasen
wartet laut die heil'ge nacht

alpenengel mit fanfare
stehen da in einem Fenster
leuchten mild und suchen 's wahre
hetzen durch die königstraßen
wo sie an ecken jetzt kurrende blasen
wartet laut die heil'ge nacht

viel zu frühe kugelberge
kurz das hirn durchzucken lässt
dazwischen lauter fromme werke
hetzen durch die königstraßen
wo sie an ecken jetzt kurrende blasen
wartet laut die heil'ge nacht

aus alter zeit heraufgespült
es dieses jahr ganz anders machen
so oft gedacht und aufgewühlt
hetzen durch die königstraßen
wo sie an ecken jetzt kurrende blasen
wartet laut die heil'ge nacht

sehen staunen und dann fort
über buden flockenwirbel
zurückgelassen duft und glanz
hetzen durch die königstraßen
wo sie an ecken jetzt kurrende blasen
wartet leis die bergweihnacht

dolce farniente

zurückgekehrt
schweiß auf der stirne
ursula
hat auf dem balkon
einen glasteller
parmaschinken
und melone
ist es ein sakrileg
dass im
campingkühlschrank
ein
chablis
kalt steht?
zwischen bissen
lächeln
seltene harmonie
geschmack
luft wein

Nachtrag zur Kolumne „Besuch"

du

ich sehe dich gehen und
ich sehe deinen gang
immer noch deine gestalt dein wesen
das mich gefangen nimmt
und dein lachen

vorbei.

seelendunkel

seelendunkel
stumme schreie
nichtverstehenstreit
enden das Chaos
gedanken
vorwärts werfen
einer
lichten Zukunft
zu
freudenwunsch
ist wunsch

ein mensch

ein mensch, der allda jahrelang
für seine firma schuftet
blickt auf-
und ist doch sehr erstaunt
was ist denn heut' so lustig !?
„glickwonsch', sie hend's g'schafft"

er denkt und wägt die strecke ab
die er da flux durchschritten
fühlt sich dynamisch jung wie nie
wie in des lebens mitten

erblickt die gratulantenschaar
aus allen ecken kommen
viel glückwunsch' heißa, hopsassa
vernimmt er ganz benommen
sucht dann in manchem redewort
den rechten sinn erkennen
lasst ab, lasst ab, der wünsche viel
jetzt will ich mich bekennen:

hinaus
rufts in ihm freudengleich
den rechten pfad er schreitet
viel strassen sind's und mancher weg
der vorwärtseilend weitet

er zieht als fährmann ohneland
in seiner faust die pinne
die gischt am bug ihn lachen macht
er sieht die ferne zinne
und wir er müd'- es gibt ein rast
ein glücklichfroher halt
so mancher gasthof läd' ihn ein
so mancher sitz im wald

bald ist's soweit
die kunst wird ihn dann leiten
voll hohem sinn und wissengleich
erfährt er diese weiten
und alle die, die um ihn stehen
werden nicht mal bange
hier steht ein mensch
der mit der zeit
weiß' köstlichs anzufangen

glück auf!

mit nimmermüdem streben
dem leben und der baren lust
stets neuen sinn zu gben

einer weih nachblickend

blauhimmelvogel
schwingenfroh zieh kreise
thermikfühlend, schraubend und
scharfauge blicke auf
waldenbucher baugebiete
hangbreitwund und zikadentod
wie irgendwo so auch bei uns.

erkenntnisse?

hat er erkannt
warum
sie sich entfernt?
hat sie erkannt
warum
kein seil und tau mehr
halt bedeutet!
auch nicht der ring

trauern trifft nun

fasching 98'

draußen narren
lindwurmfroh
tsche heu, narri
trägt
der sozialmann
dem
asylanten
verordnetes narrenhäs
auf den zettel?

februarwald

kahlgeäst wald
und kältewind
sind nur nochkurz
real
bis linde brise
knospensprühen bringt
und
frühlingshafte
freude

fokus

es ist eine Zeit
es war eine Zeit
vergangen.

es kommt eine Zeit
es wird eine Zeit
erinnern.

frühjahrskind

während frühlingsweben
neckartalwärts
schleedorn und Kirschbäume aufreisst
blühschnee bringt
wird der paulfriedrich geboren
über allen himmeln freude
und das so lang vermisste
dröhnende lachen
vom helmut
fürs büble
bsst, leise

Gaby Hauptmann zum Geburtstag 2011

zum geburtstag 2011

frühsommerliche apriltage
haben knospen aufgerissen
kirsch und apfelblütentraum
zaubrische höri
jahresbald betört
das land am see
dein mailächeln nun
unsere freude
und glückwünsche senden
dem papier

h.d.
(dem wdr sei dank)

alles liebe und gute,
ein erfolgreiches neues lebensjahr

gärtle

zwischen brückenpfeilern
blickpigmente
rechts, mitten in der stadt
an schienen
blühende kartoffel
parzelliert eingefasst,
schnittlauch
gartenzwergidylle
der eisenbahner.
grillfeierabend, bei den geleisen
die zum tunnel und in die ferne weisen.
glücksmomente singen schienen,
bevor der Zug
kommt.

„nachtrag besuch"

dein gesicht
als du heute dastandest war
ein lächeln um dich und
immerfortwährend sehe ich
dich an
obwohl du schon längst
fort bist

des geyers schwarzer haufen
im Schloßhof Waldenbuch

kein tod und spieß und bundschuh
nicht schlacht bei weinsberg oder paurentrommel
nicht draller mägde minne... oder „alls voll"

verhangener himmel regenfäden wasserpfützen
auf tischen und bänken.

des geyers schwarzer haufen räumt
laute und drehleier flöte und mikro leise
in die kisten

herbst ´98

feuriger herbst
neigt sich
novembernebeln zu
buntblättermonat lässt
schlurfende bahnen ziehen
und stürmischer wind
fegt wege frei,
daß schneeige luft
den winter kündet

herbstzeitlosen

(auf dem braunacker 1997)

Spätsommerhitze
zeigt im
herbstzeitlosenblühen
dass frühe nebel
nur noch kurzes
farbensprühen sehen
und
der winterliche tod
nahe ist.

zur krankheit helga

himmelsblau
und weissschneewiesen
künden dir bald
blütenschneebaum
und frühlingsglück
und freude

hinter dem horizont

wo der horizont
graue bläue zeichnet
muß es auch für mich
eine neue zukunft geben

wo der horizont
rote helligkeit ahnen läßt
muß es auch für mich
den garten der ruhe geben

wo der horizont
sich grau verliert ist
auch
sein graues ende

wenn ich nur den mut hätte
diesen horizont
zu überschreiten

hornissenbaum

apfelbaum
blitzgespalten
am braunackerweg
fliegende ritter
panzerwaffe
dumpfes brummen
ritzenausfahrt
nest, horst
einflugausflug
bis die stille der nacht
samtschleier sendet

traurigkeit

meine liebe ist erloschen
mein empfinden tot
ständiger
nichtigkeitsstreit
hat mich
zermürbt
wir
sprechen
miteinandervorbei
und quälen
uns
mit gegenteilen
wir
betrügen
das gesagte wort
mit
gewohnheitssicherheit
provokationslächeln
mit
geballter faust
gedankenblitz
entsetzenlähmung
solcher
gedanken
fähig!

wegfremd

wegfremd ist die
welt
geworden
glaubensfern sind die
gedanken
ideale und ziele
gemeinsamkeiten
hass spießertum
die
jahre
gaukelspiel
eingespannt in mein
selbstgewolltes
familienspiel
gedankenrollen
und entscheidungsspielen
befreiungsschaffen
zwängebersten
nicht mehr nach
anständigkeit leben
streben
wortlosgehen
tatumsetzenwille
wem rechenschaft
hörig wem mir
die meinungen sind nicht mehr
in meiner waagschale
opfere dem sonnengott dich

S.

wenn dich gedanken treffen würden
wärst du durchlöchert von liebe.

wenn dich sehnen empfinden
ließe wärst du licht
von zärtlichkeit

weil aber alles unausgesprochen bleibt
ist der traum meine erste
unerfüllte liebe.

morgentaugedanken

vergangen die tage die lust
und himmelsbläue bedeuten

vergangen die tage die freude
und frühlingsgedanken bedeuten

vergangen die tage die frohsinn
und sommerfreude bedeuten

vergangen die tage die besinnen
und zukunftsträume bedeuten.

hin zu
dem sein das
realitäten schafft und
keinen platz mehr hat für träume.

frühtau

nebelweiße
dumpfe schwere
feuchte
hängt
den halmen
der juliwiese

frühlingslustvogel
streicht ab
vom
apfelbaumzweig
unterblätterahnen
früchteherbst
und
wintertodahnen.

samstagbetläuten

offene balkontüre
bringt liebenaustraßenlärm
gedämpfte glockentöne
schritte auf den balkon
eilende autos rauschen
hin und her
echterdingerstraßenflucht

wind bringt
sankt veit glockenklang
klar und laut
dann verebbend leise
während der betrachter
das bild des
betenden bauern sieht
ist wehmut
das rechte wort?

württembergisch' 98'

arbeitslosenmoloch
mittlererneckarraumfleisch
pragstraßenwüste deckt
calwerdeckenende
zugeschaufelte notwendigkeit
managerversagendünger
für
maklergewinndenken
veränderung ist nur
abbruch
schweigt
über Apanagen
daß ja
der letzte schrei
des arbeiters
stumm
bleibt

zom chrischtdag

bretlesbacherles
brôtapflduft
adventsvers
ond chrischtdägsnâdenka
beschdemmet de
ed so bremsig ällnô!
dô uff em weihnachtmarkt
z schduegert
odr sôschd sell
me an dr grippe schdāndā
ond dui wärme schbühra
dei chrischtfescht
lass kommâ
zwoidauseddreizeh johr
drnôch
fir di

Epilog

nach em daurnda ausrichta
von 'r, bei sellanr
weichd fröhlichkeit
emmr me.
was bleibt
send depressiona
ond's wehra
wird seltenr

end komm
hald

Ond zu guterletschd

Alles wird gut
und ist es nicht gut
so ist es auch nicht zu Ende,

ond desweaga fanget 'r glei
nommohl
vo' vorna à.

Anhang 2 Rezepte

Damit's edd so drugga weidrgoht no

Aus meinra Oma ihrem Schleckhaf

Rezepte aus einer längst vergangen Zeit

Heidenheimer Knöpfle (Gnepfla) (Hefeklöße)

Rezept aus em' „Sütterlinrezeptheft" 1928 von der Oma Marie

Hoidamr Gnepfla.......

Vor vielen, vielen Jahren, als der Schlosser Voith noch kein Weltunternehmen war, ist es üblich gewesen, daß die Frauen zur Mittagszeit ihren Männern aufgekocht und die Speisen an die Arbeitsstätte getragen haben. Mit dem Zwölfuhrläuten machte sich auch eine Frau auf den Weg. Sie hatte ihrem Liebsten Hoidamr Gnepfla gemacht, Bohnen und einen rechten Hammelbraten. Das alles packte sie in einen Henkelkorb und ging am Schlosser Voith zu. Eine dumme Begebenheit wollte es jedoch, dass sie nahe am Rathaus in der Hauptstraße stolperte und fast hingefallen wäre. Im letzten Augenblick konnte sie den Korb noch fassen und den Inhalt retten- bis auf die Gnepfla. Diese rollten in den Dreck und blieben letztlich vor ihr liegen. In ihrer Not packte sie die Klöße und wusch sie am Stadtbach sauber ab und legte sie wieder in den Korb. Dann brachte sie das herrliche Essen ihrem Mann, der es mit Behagen aß.

Wie es aber manchmal ist, die Begebenheit wurde gesehen und machte in der Stadt und darüber hinaus an Stammtischen die Runde.

Seit dieser Zeit haben nun auch die Heidenheimer ihren Necknamen: seit dieser Zeit sind alle Hoidamr: 'd Gnepfleswäschr!

Einkaufszettel:
500 gr. Mehl
2 Eier
½ KL Salz
¾ Hefe
¼ Ltr. Milch

Kochbuch:
Das Mehl in eine Schüssel sieben. Milch lauwarm machen, etwas Zucker dazu geben und die Hefe damit auflösen. Salz in die Schüssel geben.

Ebenso die aufgelöste Hefe. Mit dem Finger das Mehl leicht unterrühren und einen Vorteig machen. Eine halbe Stunde gehen lassen. Dann die Eier und restliche Milch zugeben und den Teig solange rühren (schlagen) bis er Blasen wirft und sich vom Schüsselrand löst.

Man achte darauf, keinen fetten, oder nassen Hefeteig zu machen!

Dann mit etwas Mehl bestäuben und die Schüssel mit einem Geschirrtuch abdecken.

Eine Stunde ruhen lassen.

Wenn der Teig aufgegangen ist, auf ein Backbrett geben und drei, oder vier runde "Kugeln" formen. 10 Minuten gehen lassen.

In der Zwischenzeit einen großen Topf mit Wasser aufsetzen und zum sieden bringen. (Nicht kochen). Salzen und die Klöße hineingeben. Deckel aufsetzen und 30 min. im siedenden Wasser garen. (Den Deckel ja et' lupfa!)

Dann mit einer Schöpfkelle die mittlerweise "kindskopfgroßen" Gnepfla herausnehmen und auf ein Brett legen. Mit einem feinen Faden kreuzweise umlegen und diesen zusammenziehen und die Gnepfla zweimal in Scheiben trennen und auf einer Platte anrichten. (Ein Messer würde die "lucke" Konsistenz zerstören- ond bäbbt au no na)

Gnepfla sind Beilagen zu allerlei Braten: Schweine, gemischtem, Rinder, Hammelbraten, Kitzles (kleine Ziege) usw.

Dazu gibt es Kartoffelsalat, Blaukraut/Weiskrautsalat, gemischten....

....ond oheimlich viel Soß!

Der Freund des Trollingers, so wie mein

Großvater (d'r Esslingers Christian) schätzt diesen dazu- oder au' an Lemberger, wenn 'r Wirtabergisch isch'- ond bloß et aus Baden.

...oooond bei so ma Essa, derf m'r au' schmatzga!....

ach so: wenn dann so Gnepflesscheiben übrig bleiben, am nächsten Tag in einer Pfanne Butter schmälzen und von beiden Seiten anrösten.
Nau isch beschdimmt au' no a' Braten ond a Soß' iebrig, dia isst ma' nau d'rzua.

...Woandrsch machet ebbes ähnliches, wie zom Beischpiel Serviettenknödl- abr 'd Hoidamr hend ihr Leibgericht!

Familienrezepte Christian-Eßlinger-House Heidenheim; aus einer längst vergangen Zeit neu überarbeitet und nachgekocht.

Laisa ond Schbätzla
Linsen und Spätzle mit Saitenwürstchen

200 gr. Linsen
1 Scheibe ger. Schweinebauch Saitenwürstchen
2 El Schmalz
2 El Mehl
1 Brühwürfel
2 El Essig Salz
Messerspitze Zucker Spätzle

Die Linsen über Nacht einweichen. Wasser abschütten. In einen Topf geben und ganz mit Wasser bedecken. Mit dem Schweinebauch aufsetzen und ca. ½ Stunde köcheln, bis die Linsen weich sind.

In der Zwischenzeit die "Brenne" machen. 2 EL Schmalz heiß werden lassen. Dann das Mehl einrühren und weiterrühren, bis eine "leichte" Bräune entstanden ist. Dann mit dem Kochwasser der Linsen ablöschen. Soviel Flüssigkeit nehmen, daß eine sämige Soße entstanden ist. Den Brühwürfel einrühren, mit etwas Zucker, Salz und Essig soweit würzen, daß eine angenehm saure Soße wird. Die Linsen dazugeben und den Bauch getrennt reichen.

Wenn die Linsen "leise" gewürzt sind, am Tisch etwas Essig bereitstellen, mit dem man nachwürzen kann.

Die Könner der Küche, Marie Eßlinger und Elise Demel. Letztere hat beim Übersetzen der gestochen schönen Sutterlin-Rezepte der Großmutter nachhaltigen Dank verdient.

Linsen aber ja edda en Salzwassr kocha, sooschd werdet's schderrig. Saitenwürsten im heißen Wasser ziehen lassen und bereitstellen.

Spätzle in den Teller geben, das Linsengemüße darüber geben. Dazu die Saiten- evtl. Etwas Essig.
Eines vom Opa Christian seine Leibspeisen!

Familienrezepte Christian-Eßlinger-House Heidenheim; aus einer längst vergangen Zeit neu überarbeitet und nachgebacken.

Mürbteig

Beschreibung, oder Anekdoten zum Gericht.

280 gr. Mehl
½ KL Backin 150 gr. Zucker
150 gr. Margarine
½ KL Salz 1 großes Ei
„etwa" 2 EL Milch

Zutaten in eine Rührschüssel geben und mit den groben Knethaken zu einem Teig arbeiten.
1 Stunde im Kühlschrank ruhen lassen.
Kuchenform fetten und den Boden mit Semmelbrösel ausstreuen

Familienrezepte Christian-Eßlinger-House Heidenheim; aus einer längst vergangen Zeit neu überarbeitet und nachgekocht.

Omas Ofenschlupf'r

oinr vom Opa seinera Leibspeisa

dazu gab es in meiner Jugendzeit meistens eine Kanne Kaffee. Zum Mittagessen- eigentlich ein Novum.....

8 altbackene Brötchen
4 Eier
400 ml Sahne
4 EL Zucker
1 KL Salz
2 Vanillezucker
6 Äpfel
½ Tüte Sultaninen 1 gestr. KL Zimt
Butter (für Butterflocken)

Auflaufform buttern. Brötchen auf der Brotschneidmaschine in dünne Scheiben schneiden. Anschnitte mit Sahne tränken und auf den Boden der Auflaufform schichten. Äpfel schälen, das Kernhaus entfernen und in kleine Würfel schneiden. Eine Lage Brötchen und eine Lage Äpfel in die Auflaufform schichten und mit dem Zimtzucker besteuen, darauf die Sultaninen. So lange fortfahren bis die Teile aufgebraucht sind. Die oberste Schicht muss aus den Brötchenscheiben bestehen. Eier, Sahne, Vanillezucker und Salz verquirlen und über die oberste Schicht verteilen.

Darauf die Butterflöcklein verteilen.

Backofen vorheizen: 180 Grad Umluft. Untere Schiene. Backzeit: ca. 30 min.

Tipp: eine Alu Folie passend schneiden und vorsichtig auf die Auflaufform legen.

Nach 20 min. entfernen. Entweder bei dieser Temperatur ca. 10 min weiterbacken, oder 5 min. unter dem Backofengrill hellbraun rösten.

Familienrezepte Christian-Eßlinger-House Heidenheim; aus einer längst vergangen Zeit neu überarbeitet und nachgebacken.

Quarkkuchen

des sei oin'r von de beschde Kucha-
sait 'd Flachter Christel

Mürbteig wie beschrieben

2x 250 gr. Quark 20%
150 gr. Zucker
2 Vanillezucker
3 Eier
3 Eiweis daraus
1 Vanillepuddingpulver (zum kochen) Zibeben in Rum eingelegt
Semmelbrösel (zum Teigboden bestreuen)

Zuerst die Eier trennen. Das Eiweis zu einer festen Masse schlagen. Bevor ganz fest, 2 El vom Zucker einarbeiten. Eigelbe in eine Rührschüssel geben und schaumig schlagen. Den Quark gazugebn, den Zucker, dann den Vanillezucker und das Puddingpulver. Wenn alles zu einer cremigen Masse verarbeitet ist, vorsichtig den steifen Eischnee unterheben.

Mürbteig in die Springform legen und den Rand arbeiten. Den Boden mit Semmelbrösel bestreuen und die Rumzibeben gleichmäßig darauf verteilen.

Dann die Quarkmasse einfüllen und mit einer Kelle gleichmäßig und eben verteilen.

Backofen auf 190 Grad Umluft vorheizen. Gitter auf mittlere(untere) Schiene schieben.

Form in den Ofen geben und ca. 45 backen.

Nachschauen ob Bräunungsgrad stimmt. Evtl. Eine Schiene höher schieben und Temperatur anpassen. Wenn zu hell auf 200 grad geben.

Familienrezepte Christian-Eßlinger-House Heidenheim; aus einer längst vergangen Zeit neu überarbeitet und nachgekocht.

Reisauflauf

„oimal en d' Wuch, gibt's ebbes siaß'

250 gr. Reis
250 gr. Zucker
125 ml. Milch
125 ml. Wasser
1 Vanillezucker
4 Eier
1 Prise Zimt

Den Reis mit etwas Salz in gewohnter weise die halbe Zeit garen und kalt werden lassen.

Eier trennen, Eierweiß mit etwas Zucker steif schlagen und beiseite stellen.

Eiergelb, Zucker, ½ Vanillezucker und etwas Zimt mit dem Rührwerk glatt rühren. Den abgekühlten Reis, die Milch und Wasser dazugeben und weiterrühren bis alles schön vermengt ist.

Dann den Eierschnee unterheben. Alles in eine mit Butter gefettete Auflaufform geben.

Den Backofen auf 180 Grad mit Ober/Unterhitze vorheizen. Die Form einstellen und ca. eine Stunde backen. Nach einer halben Stunde nachschauen, ob die Oberfläche leicht braun wird. Ggf. Auf 200 Grad hochstellen- wenn man eine rösche Kruste will.

Die Könner der Küche, Marie Eßlinger und Elise Demel. Letztere hat beim Übersetzen der gestochen schönen Sutterlin-Rezepte der Großmutter nachhaltigen Dank verdient.

Beilage: Kirschkompott, oder Birnen oder Pfirsiche

Zwetschgenklöß'

Rezept aus em' „Sütterlinrezeptheft" 1928
von der Oma Marie

Einkaufszettel:
Für den Kloßteig:
1 Kg Kartoffel (vom Vortag) 2 Eier und 1 Eigelb
1 KL Salz
1 KL Zucker
2 EL Gries
2 EL Semmelbrösel Mehl nach Bedarf
1 Pfund Zwetschgen (mit oder ohne Stein)

Für die Kruste:
Zwieback Zucker
Zimt
¼ Pfund zerlassene Butter

Kochbuch:
Die ein Tag alten Kartoffel durch eine Kartoffel-
presse in eine Schüssel drücken. Eier, das Eigelb ,
Zucker und Salz und soviel Mehl, dass unter den
Händen ein fester Teig entsteht. (Ggf. Noch etwas
Gries einarbeiten) In der Zwischenzeit zwei hohe
Kessel Wasser zum kochen bringen, leicht salzen
und dann sieden lassen.

Mit den Händen eine Menge Teig entnhmen. Mit dem Daumen eine Dulle eindrücken und die Zwetschge umhüllen. Ggf. Hände wässern und schöne runde Knödel formen.

Dann auf dem Backbrett ablegen.

Gries und Mehl in einer Schale vermischen und die Knödel darin wälzen.

Es empfiehlt sich, einen Probeknödel ins Wasser zu geben.

Bei richtiger Zusammensetzung des Teigs kann aber darauf verzichtet werden.

Die Knödel setzen sich auf den Boden -und Geduld- nach ca. Fünf Minuten kommen sie von selber an die Oberfläche. Notfalls mit einer Schöpfkelle leicht lösen.

(Deshalb zwei Töpfe und nie zuviele Klöße in einen Topf geben.)

Wenn die Klöße oben sind, ca. 5 min. ziehen lassen.

In der Zwischenzeit auf einer große Platte den Zwieback verreiben und mit Zucker und Zimt vermengen.

Die Klöße darin vorsichtig wälzen und auch oben bestreuen.

Dann die Klöße auf ein große Platte geben und mit der zerlassenen Butter löffelweise vorsichtig übergießen.

Auf einem großen Teller einen Spiegel mit Zwetschgenmarmelade ziehen und den Knödel darauflegen.

(Je nach Zwetschgenart mit Kern arbeiten - oder entsteint, mit einem Zuckerstück)

"Dei Groaßvader hat bei dem Essa et' viel g'schwätzt- bloß gessa. 6 Schduck. Nau hat ‚r au' koin Wei me wella- bloß no n´a`liega".

Familienrezepte Christian-Eßlinger-House Heidenheim; aus einer längst vergangen Zeit neu überarbeitet.

Häffazopf (Hefezopf)

(a kloiner- für da Sonndig- ohne Bsuach)

500 gr. Mehl
2 ½ Eier
125 gr. Butter
150 gr. Zucker
½ El Salz
2 El Zibeben
1 ½ Würfel Hefe
Zitronenabrieb von einer halben Zitrone kältere als lauwarme Milch nach Bedarf

Mehl, Zucker und Salz in eine Schüssel geben (außer der Milch). Die Hefe mit lauwarmer Milch auflösen und einen Vorteig machen. Ein Eiergelb trennen. Wenn der zopf geschlungen ist, damit einstreichen.Bei meinen Buchhof-Eiern aus Waldenbuch die Erfahrung gemacht, dass kaum Milchzugabe notwendig war. Den Teig mit den Händen solange kneten, bis er von den Fingern geht. Weder zu trocken- noch zu nass soll' r sein.

Bei der Zugabe von Trockenhefe ist es nicht notwendig, einen Vorteig zu machen und gehen zu lassen.

Den nun fertigen Teig mit einem Geschirrtuch zudecken und einem warmen Ort mindestens 2 Stunden gehen lassen. Er muss das doppelte Volumen erreichen. (Aufgehen)

Nun das Backbrett mit Mehl bestäuben und den aufgegangen Teig darauflegen und in drei Teile teilen. Die Teile solange verdrehen und dehnen, bis sich daraus lange Stränge gebildet haben. (Länge ungefähr des Backblechs).

Dann als Zopf flechten und auf das Backblech legen. (Backpapier als Unterlage).

Nochmals ca. Eine Stunde gehen lassen.

Den geflochtenen Zopf mit dem verbliebenen Eiergelb bestreichen. (Wenn vorhanden, mit Haselnussscheiben und Hagelzucker bestreuen)

Backofen auf 170 Grad (Umluft) vorheizen und den Zopf in die mittlere Schiebe schieben. Backzeit ca. 45 Minuten. (rond' ,a Dreiviertelstond) Während der Backzeit beobachten- ggf. Die Temperatur reduzieren, wenn er schwarz zu werden droht. Backtüre nicht öffnen!

Familienrezepte Christian-Eßlinger-House Heidenheim; aus einer längst vergangen Zeit neu überarbeitet und nachgekocht.

Asiatischer Topf

Rezept edda vo d'r Felsenstrauß
sondern vom Armin Rossmaier
hat dr Opa ab ond zue wölla

Rindfleischstreifen
Paprika rot und gelb
schwarzer Rettich
Kürbis
Chitakepilze
rote Zwiebel
Knoblauch

Zitronengras
Kokosmilch
Ingwer
Chili
Kurkuma, gemahlen

Erdnussöl
Chiliöl

Beilage: Reis
Getränk: Tee

Fleisch und Gemüsser in Streifen schneiden. Topf erhitzen. (Weil m'r koin Wok hend' od'r kaufa welled). Erdnussöl heiß werden lassen. Zuerst das Fleisch anbraten. Dann je nach Garzeit die Gemüsser dazugeben und dünsten. Temp. auf die Hälfte zurückfahren.

Mit Salz leicht abschmecken. Je nach dem, etwas Chiliöl dazugeben. Nach ca. 10 min leichtem dünsten mit der Kokosmilch ablöschen und kurz ziehen lassen. Zitronengras herausnehmen und dann ca. 1 Tl Kurkuma einrühren. Macht ,s schee gelb.

Den Basmati / Himalaja Reis entweder im Ring anrichten, oder mit einer Tasse zu einem Turm formen. Dann das Gemüße und Fleisch auf dem Teller anrichten.

Weihnachtsbäckerei

Einkaufzettel für Weihnachtsbäckerei
30-40 Eier
10 Kg Mehl
8 Päckchen Puderzeucker
8 Kg Zucker
1 Kg Rohzucker
12 ½ Pfund Süßrahmbutter
3 Päckchen Kokosflocken a' 200 gr.
8 Päckchen gemahlene Mandeln a' 200 gr.
8 Päckchen gemahlene Haselnüsse a' 200 gr.
1 Päckchen Haselnüsse ganz a. 200 gr.
1 Päckchen Walnüsse
3 Päckchen gehackte Pistatien
1 Päckchen Anis (ganz)
2 Päckchen Schokopulver 35% a' 100 gr. (CEBE)
4 Päckchen Schokoraspel Vollmilch a' 100 gr.
(Schwartau)
1 Glas flüssiger Honig (Akazien)
2 Päckchen Oplaten 50 mm
1 Päckchen Oplaten 70 mm

Backaromen:
1 VPE Vanillezucker
1 VPE Backpulver
1 Päckchen Pottasche
1 Päckchen Hirschhornsalz
1 Päckchen Lebkuchengewürz
1 Päckchen Zitronat

1 Päckchen Orangeat Backöle (Dr, Oetker)
1 VPE Butter-Vanille (ca. 4-5 Fläschlein)
1 VPE Rum
1 Fl. Arrak
1 Fl. Rosenöl (Apotheke) Dekore
für Ausstecher aus Couvertüre
Schokoladendekore (RUF)
Filigrane (Günthart)
(jeweils nicht mehr als 3 Päckchen!)

Tipps und Tricks

Backzeiten:
Empfohlen wird bei allen Backzeiten einen Küchenwecker zu verwenden. Zeiten die in modernen Backöfen vorgegeben werden können, bedingen eine längere Backzeit. Bleche müssen sofort nach Beendigung der angegebenen Backzeit entnommen werden!

Mengen bei der Weihnachtbäckerei:
Die bei den Rezepten zugrunde gelegten Mengenangaben entsprachen in den Jahren 2009 und 2010 in etwa folgen Stückzahlen:

Couvertüre:
Es gibt Vollmilch-Couvertüre und Zartbitter-Couvertüre und eine weisse Couvertüre.
Diese sind mit einem 2. kleinen Topf im warmem Wasserbad (höchstens 40 Grad) aufgelöst werden.

Kann dann sofort verarbeitet werden.

Orangeat und Zitronat
in wenig Mehl geben und mit einem Wiegemesser
ganz klein hacken. Sonst in Kuchen oder Stollen
zu groß.

Verwendung von Eiweiss und Eigelb
Abwandlung vom Butterteig: 2 ganze Eier und 3
Eigelb auf 1 Pfund Mehl.

*Wenn bei Zimtsternen 5 Eigelb übrigbleiben, wer-
den diese bei Butterbroten für den Guss verwendet.
Die übrigen 3 Eigelb z.B. für Ausstecherteig!*

*Die Mengenangaben dort, werden dann entspra-
chend reduziert!*

Familienrezepte Christian-Eßlinger-House Heidenheim; aus einer längst vergangen Zeit neu überarbeitet und nachgebacken.

Ausstecher mit Guss und Schokoplättchen

200 gr. Butter (Zimmerwarm) 250 gr. Zucker
4 Eier
500 gr. Mehl
½ Päckchen Backpulver 2 Päckchen Vanillezucker
1 gestr. Kaffeelöffel Salz

200 gr. Puderzucker
2 Eiweiss Schokoplättchen

Butter schaumig rühren, Zucker dazugeben, ganze Eier, Vanillezucker, Salz ca. fünf Minuten rühren – hohe Stufe. Bei kleiner Stufe langsam das Mehl und Backin einrühren. Soviel Mehl einkneten, dass ein weicher Butterteig entsteht. Teig mindestens fünfzehn, bis zwanzig Minuten kalt stellen (Plastiktüte).

In kleinen Mengen den Teig auf bemehltem Brett auswellen. Höhe nach Gusto. ca 1 cm dick. Form ausstechen.

Eiweissguss: Puderzucker, Eiweiss mit dem Schneebesen verrühren. Evtl. Rosenwasser minimal zugeben. Die Unterseite bestreichen und die Schokoplättchen aufsetzen.

Im Treppenhaus trocknen (4 Stunden)

Dann auf Backpapier belegtes Backblech legen.
   Hinweis zur Walnuss: Ggf. Mit dem Messer harte Teile entfernen! Im Treppenhaus trocknen lassen (4 Stunden)
   Backofen auf 200 Grad (Ober- Unterhitze) vorheizen. (Achtung bei Umluft = ca. 160 Grad) Auf mittlerer Schiene ca. 15-20 min. backen.

(nach ca. 15 min. herausnehmen und kontrollieren ob Unterseite leicht gebräunt ist.

Aussstecher mit Rum

200 gr. Butter (Zimmerwarm) 250 gr. Zucker
4 Eier
500 gr. Mehl
½ Päckchen Backpulver 2 Päckchen Vanillezucker
1 gestr. Kaffeelöffel Salz
1 EL Rum

Butter schaumig rühren, Zucker dazugeben, ganze Eier, Vanillezucker, Rum , Salz ca. fünf Minuten rühren – hohe Stufe. Bei kleiner Stufe langsam das Mehl und Backin einrühren. Soviel Mehl einkneten, dass ein weicher Butterteig entsteht. Teig mindestens fünfzehn, bis zwanzig Minuten kalt stellen (Plastiktüte).

In kleinen Mengen den Teig auf bemehltem Brett auswellen. Höhe nach Gusto. ca 1 cm dick. Form ausstechen.

Im Treppenhaus trocknen (4 Stunden)

Dann auf Backpapier belegtes Backblech legen. Hinweis zur Walnuss: Ggf. Mit dem Messer harte Teile entfernen! Im Treppenhaus trocknen lassen (4 Stunden)

Backofen auf 200 Grad (Ober- Unterhitze) vorheizen. (Achtung bei Umluft = ca. 160 Grad) Auf mittlerer Schiene ca. 15-20 min. backen.

(nach ca. 15 min. herausnehmen und kontrollieren ob Unterseite leicht gebräunt ist.

Familienrezepte Christian-Eßlinger-House Heidenheim; aus einer längst vergangen Zeit neu überarbeitet und nachgebacken.

Ausstecher

200 gr. Butter (Zimmerwarm) 250 gr. Zucker
4 Eier
500 gr. Mehl
½ Päckchen Backpulver 2 Päckchen Vanillezucker
1 gestr. Kaffeelöffel Salz
1 Eigelb
1 El Dosenmilch

Butter schaumig rühren, Zucker dazugeben, ganze Eier, Vanillezucker, Salz ca. fünf Minuten rühren – hohe Stufe. Bei kleiner Stufe langsam das Mehl und Backin einrühren. Soviel Mehl einkneten, dass ein weicher Butterteig entsteht. Teig mindestens fünfzehn, bis zwanzig Minuten kalt stellen (Plastiktüte).

In kleinen Mengen den Teig auf bemehltem Brett auswellen. Höhe nach Gusto. ca 1 cm dick. Verschiedene Formen ausstechen und auf ein mit Backpapier belegte Backblech legen.

Vor dem Backen dünn mit Eiergelb und Dosenmilch (gemischt) bestreichen.

Backofen auf 200 Grad (Ober- Unterhitze)

vorheizen. (Achtung bei Umluft = ca. 160 Grad) Auf mittlerer Schiene ca. 15-20 min. backen.

(nach ca. 15 min. herausnehmen und kontrollieren ob Unterseite leicht gebräunt ist.

Familienrezepte Christian-Eßlinger-House Heidenheim; aus einer längst vergangen Zeit neu überarbeitet und nachgebacken.

Bärentatzen

3 grosse, ganze Eier 1 Pfund Sandzucker
1 Pfund gemahlene Mandeln
250 gr. Kakau (cebe Trinkschokolade 32%)
1 gestr. EL Zimt
1 Fläschlein Back-Öl-Rum

Eier trennen und Eiweis zu Schnee schlagen. Eigelb unterrühren. Sandzucker einrieseln und 10 Minuten rühren. (Dass der Zucker zergeht)

Zimt und Rum einrühren. Mandeln unterheben. Menge so gestalten, dass Teig nicht mehr läuft. Ggf. Weitere mandeln nach Bedarf zugeben.

Alle Teige die keinen Butter beinhalten in der Wärme ruhen lassen. (10 Minuten)

Muschelförmchen leicht mit Wasser anfeuchten. In einem Teller Sandzucker bereithalten.

Vom Teig kleine Kugeln formen und in die stark gezuckerte Form drücken. Menge so gestalten, daß nicht zuviel Teig eingearbeitet ist. Dann auf das Brett ausklopfen.

Dann auf das mit Backpapier ausgelegte Backblech setzen.

Über Nacht im gleichmäßig warmen Zimmer ruhen lassen. (ca. 10-12 Stunden)

Backofen auf 140 (Ober- Unterhitze) vorheizen. (Achtung bei Umluft = ca. 120 Grad) Auf untere Schiene ca. 15 min. „trocknen". Ggf. Blech drehen und kurz nachbacken.

Familienrezepte Christian-Eßlinger-House Heidenheim; aus einer längst vergangen Zeit neu überarbeitet und nachgebacken.

Butter - S

250 gr. Butter (Zimmerwarm) 250 gr. Zucker
3 Eier
500 gr. Mehl
½ Kaffelöffel Backpulver
2 Päckchen Vanillezucker
1 gestr. Kaffeelöffel Salz
Hagelzucker
Eiweiss zum bestreichen

Butter schaumig rühren, Zucker dazugeben, ganze Eier, Vanillezucker, Salz ca. fünf Minuten rühren – hohe Stufe. Bei kleiner Stufe langsam das Mehl und Backin einrühren. Soviel Mehl einkneten, dass ein weicher Butterteig entsteht. Teig mindestens fünfzehn, bis zwanzig Minuten kalt stellen (Plastiktüte).

In kleinen Mengen mit leichter Hand dünne Rollen formen. (wergala) In ca. 5-7 cm lange Stücke schneiden. (Oder mit einem S-Förmchen ausstechen) Zu einem „S" formen und auf ein mit Backpapier belegte Backblech legen. Vorsicht, der Teig ist sehr weich!

Über Nacht im kalten Treppenhaus ruhen lassen.

Ein Eiweiß in eine Tasse geben. Mit zwei El Puderzucker verrühren und die kalten Butter S vor dem Backen bestreichen. Dann in Hagelzucker tauchen.

Backofen auf 180 Grad (Ober- Unterhitze) vorheizen. (Achtung bei Umluft = ca. 160 Grad) Auf mittlerer Schiene ca. 20 min. backen.

(nach ca. 15 min. herausnehmen und kontrollieren ob Unterseite leicht gebräunt ist.

Familienrezepte Christian-Eßlinger-House Heidenheim; aus einer längst vergangen Zeit neu überarbeitet und nachgebacken.

Butterbrote

160 gr. Butter (genau abwiegen)
250 gr. Sandzucker, oder Rohzucker
1 gestr. Kaffelöffel Salz
2 ganze Eier
240 gr. Schokoraspel
240 gr. gemahlene Mandeln
250 gr. Mehl
1 gehäufter Kaffelöffel Backin

Guss:
200 gr. Puderzucker, 2 Eigelb, 2 El Wasser,
1 Kaffelöffel Zitronensaft
Streu
3 Päckchen Pistazien

weiche Butter, Zucker, ganze Eier schaumig rühren. Mandeln Schokoraspel langsam zufügen. Mehl (gesiebt), Backin leicht einkneten (untere Rührstufe).
   Backbrett: Auf Zucker ½ cm auswellen. Mit dem runden Förmchen ausstechen. Auf ein mit Backpapier belegtes Backblech setzen.
   Im waren Zimmer 1 Stunde trocknen lassen.
   Backofen auf 200 Grad (Ober- Unterhitze)

vorheizen. (Achtung bei Umluft = ca. 160 Grad) Auf mittlerer Schiene ca. 15-20 min. backen.

Nach ca. 15 min. kontrollieren, Butterbrote müssen noch weich sein.

(nach ca. 15 min. herausnehmen und kontrollieren ob Unterseite leicht gebräunt ist. Ggf. nachbacken. Achtung bräunt auf heissem Blech nach.

!!Wenn der Teig zu dünn ausgewellt war- 180 Grad , 15 Minuten!!

Nach dem Erkalten der Butterbrote, untere Seite mit dem Zuckerguss gut besteichen. Guss: Puderzucker in eine Schüssel geben, das gut getrennte Eigelb mit dem Schneebesen unterrühren. Rosenwasser, Zitronensaft einrühren – dickflüssig halten.

Mit einem Messer auf die Unterseite der Butterbrote streichen und mit den Pistazien bestreuen.

Familienrezepte Christian-Eßlinger-House Heidenheim; aus einer längst vergangen Zeit neu überarbeitet und nachgebacken.

Christstollen

500 gr. Mehl
2 Hefe
200 gr. Butter
180 gr. Zucker
1 KL Salz
3 Eier
100 gr. gemahlene Mandeln (oder Haselnüsse)
1 Hand voll Sultaninen (Rum zum einweichen)
60 gr. Zitronat
60 gr. Orangeat

Gewürze:
1 Fläschchen Arrak
1 Fläschchen Rum
1 Fläschchen Butter-Vanille Aroma
1 gestr. EL Lebkuchengewürz

Butteranstrich nach Backen 125 gr. Butter
Puderzucker zum bestreuen 1 Gläslein Stroh-Rum
Hefeteig herstellen.

Alle Gewürze in 2 El lauwarmer Milch auflösen und zum Hefeteig geben,

Hefeteig 4 Stunden gehen lassen. (doppelte Größe). Nach dem Gehen lassen auf das bemehlte Backbrett geben und die Nüsse, Sultaninen, Zitronat und Orangeat zu einem festen Hefeteig einarbeiten. Nochmals einige Stunden gehen lassen.

Ggf. in der Mitte teilen und zwei Stollen formen.

Auf ein Backblech mit Backpapier setzen, wobei die überschlägigen Teile nach außen weisen. Backofen auf 180 grad vorheizen, Blech auf mittlere Schiene geben.

Backzeit ca. 50-60 min. Nach ca. 45 min Backstatus kontrollieren.

In der Zwischenzeit die Butter verlaufen lassen und den heißen Stollen damit bestreichen

Den Stollen erkalten lassen. In Alu Folie einpacken und in einem kalten Zimmer 1 Wochen ruhen lassen.

Vor dem Anschneiden mit Puderzucker bestreuen.

Familienrezepte Christian-Eßlinger-House Heidenheim; aus einer längst vergangen Zeit neu überarbeitet und nachgebacken.

Haselnussmakronen

6 Eier
500 gr. Staubzucker
500 gr. Haselnüsse gemahlen
1 Päckchen Vanillezucker
2 EL Kirschwasser ganze Haselnüsse

Eier trennen. Eiweiss zu steifem Schnee schlagen. Staubzucker, einrühren. Kaffeetasse von der Masse abnehmen und beiseite stellen. Vanillezucker und Kirschwasser in den Eischnee geben, mitrühren. Haselnüsse langsam dazugeben. Wenn die Masse zu weich ist, weitere Haselnüsse dazugeben. (Bis formbar)

Auf ein Backblech Backoplaten legen und mit einem Kaffeelöffel Häufchen formen.

Masse ergibt ca. zwei Backbleche mit Nussmakronen. Jeweils ein Blech trocknen lassen, solange das zweite geformt wird. Dann mit einem Löffelstiel kleine Vertiefungen in die Makrone bohren. Aus der bereitgestellten Kaffetasse mit einem Kaffeelöffel Zuckermasse auf die Makrone geben und eine ganze Nuss aufsetzen.

In der Wärme die Bleche so lange trockenen

lassen, bis die Eiweissmasse nicht mehr glänzt (ca. 2 Stunden)

Backofen auf 180 Grad (Ober- Unterhitze) vorheizen. (Achtung bei Umluft = ca. 160 Grad) Auf unterer Schiene ca. 12 - 15 min. backen.

Familienrezepte Christian-Eßlinger-House Heidenheim; aus einer längst vergangen Zeit neu überarbeitet und nachgebacken.

Honiglebkuchen

1 Glas flüssiger Honig 250 gr.
80 gr. Butter
150 gr. Zucker
125 gr. gehackte Nüsse
125 gr. gehacktes Zitronat
125 gr. Orangeschat
2 EL Lebkuchengewürz
2 Eier
375 gr. Mehl
5 gr. Pottasche Rosenwasser

Butter zerlassen, flüssigen Honig einrühren.
Eier, Zucker gut verrühren, ein Teil gehackte Nüsse dazugeben, Butter und Honig dazurühren. Den Rest Nüsse und Zitronat und Orangeschat dazugeben, und EL Lebkuchengewürz und die zwei Eier. Mehl und Pottasche vorsichtig einrühren.

Den Teig 3-4 Tage zugedeckt im Treppenhaus ruhen lassen.

Dann 1 cm dick auf Mehl und Zucker auswellen. Mit dem Lebkuchenmodel ausstechen und ein gefettetes Blech mit Mehl bestäubt legen, dicht zusammen. Man backt sie hellbraun und schneidet

sie noch heiß auseinander und bestreicht sie dick
mit Rosenwasser

Backofen auf 180 Grad (Ober- Unterhitze) vorheizen. (Achtung bei Umluft = ca. 160 Grad) Auf mittlerer Schiene ca. 25 - 30 min. backen.

Familienrezepte Christian-Eßlinger-House Heidenheim; aus einer längst vergangen Zeit neu überarbeitet und nachgebacken.

Kokoshäufchen

4 Eier
500 gr. Kokosflocken (a' 200 gr. Tütchen)
250 gr. Sandzucker
1 EL Kirschwasser
Backoplaten 50 mm

Eier trennen, und Eischnee schlagen. In den Eischnee Eigelb einrühren. Zucker und Schnaps zugeben. ca. 10 min. rühren. Dann die Kokosflocken zugeben- wenn Masse zu dünn, evtl. neuen Beutel hernehmen und weitere Kokosflocken einrühren.

Auf das Backblech (ohne Backpapier) die Oplaten setzen. Eine kleine Schüssel Wasser auf die Seite stellen. Mit einem Teelöffel passende Häuflein auf die Oplaten setzen und mit nassern Fingern formen.

Backofen auf 180 Grad vorheizen. Backblech auf untere Schiene setzen. Backzeit ca.

Familienrezepte Christian-Eßlinger-House Heidenheim; aus einer längst vergangen Zeit neu überarbeitet und nachgebacken.

Löffelbisquit

200 gr. Butter (Zimmerwarm)
250 gr. Zucker
4 Eier
500 gr. Mehl
½ Päckchen Backpulver
2 Päckchen Vanillezucker
1 gestr. Kaffeelöffel Salz

Butter schaumig rühren, Zucker dazugeben, ganze Eier, Vanillezucker, Salz ca. fünf Minuten rühren – hohe Stufe. Bei kleiner Stufe langsam das Mehl und Backin einrühren. Soviel Mehl einkneten, dass ein weicher Butterteig entsteht. Teig mindestens fünfzehn, bis zwanzig Minuten kalt stellen (Plastiktüte).

In kleinen Mengen den Teig auf bemehltem Brett auswellen. Höhe nach Gusto. ca 1 cm dick. Löffelbisquitform nehmen und ausstechen. Unterseite mit Couvertüre bestreichen und in Cocosflocken wenden. und auf ein mit Backpapier belegte Backblech legen.

Im Treppenhaus trocknen lassen. (4 Stunden)

Backofen auf 200 Grad (Ober- Unterhitze) vorheizen. (Achtung bei Umluft = ca. 160 Grad) Auf mittlerer Schiene ca. 15-20 min. backen.

(nach ca. 15 min. herausnehmen und kontrollieren ob Unterseite leicht gebräunt ist.

Familienrezepte Christian-Eßlinger-House Heidenheim; aus einer längst vergangen Zeit neu überarbeitet und nachgebacken.

Nussschnitten mit Schokolade

5 Eier
500 gr. Puderzucker
1 KL Zimtsterne
3 EL Schokopulver
1 Päckchen Schokoraspel
1 Gl. Kirschwasser
200 gr. gemahlene Mandeln einige Tropfen Arrak
250 gr. Mehl Messerspitze Backin
1 gestr. Tl Salz

Eier trennen. Eiweiss steif schlagen. Puderzucker einrühren, rühren bis der Teig glänzt (ca. 5 Minuten) 1/3 der Masse zum bestreichen ab nehmen.

Einarbeiten, KL Zimt, 3 EL Schokopulver, 1 Päckchen Schokoraspel, Kirschwasser, Arrak, Mandeln, dann langsam das Mehl einarbeiten. Teig muss sich gute wellen lassen. Kurz stehen lassen und dann auf Zucker-Mehlgemisch ½ cm dick auswellen. Mit Lebkuchenform ausstechen und dann der Länge nach durchschneiden. Eine Stunde im Zimmer trocknen lassen, dann mit dem Messer die Eiweismasse auf die Schnitten geben.

Im Zimmer trocknen lassen bis er nicht mehr glänzt (ca. 3 Stunden).

Backofen auf 150 Grad (Ober- Unterhitze) vorheizen. (Achtung bei Umluft = ca. 160 Grad) Auf unterer Schiene ca. 15 min. backen.

(nach ca. 15 min. herausnehmen und kontrollieren ob Unterseite leicht gebräunt ist. Ggf. nachbacken. Achtung bräunt auf heissem Blech nach.

Familienrezepte Christian-Eßlinger-House Heidenheim; aus einer längst vergangen Zeit neu überarbeitet und nachgebacken.

Spitzbuben

200 gr. Butter (Zimmerwarm)
 250 gr. Zucker
4 Eier
500 gr. Mehl
½ Päckchen Backpulver
1 Fläschlein Backöl Rum
1 gestr. Kaffeelöffel Salz
Hägenmark Puderzucker

Butter schaumig rühren, Zucker dazugeben, ganze Eier, Vanillezucker, Salz ca. fünf Minuten rühren – hohe Stufe. Bei kleiner Stufe langsam das Mehl und Backin einrühren. Soviel Mehl einkneten, dass ein weicher Butterteig entsteht. Teig mindestens fünfzehn, bis zwanzig Minuten kalt stellen (Plastiktüte).

In kleinen Mengen den Teig auf bemehltem Brett auswellen. Höhe nach Gusto. ca 1 cm dick.

Mit großem Förmchen aus dem 3-teiliges Kringelförmchen ausstechen (2 Backbleche auf ein mit Backpapier belegte Backblech legen. (Ausstecher genau zählen), das Zweite Blech mit dem kleinen Förmchen in der Mitte ausstechen.

Teigreste vom kleinen Förmchen aus ein Backblech setzen (Oberes Teil für Terrassen)

Backofen auf 180 Grad (Ober- Unterhitze) vorheizen. (Achtung bei Umluft = ca. 160 Grad) Auf mittlerer Schiene ca. 15-20 min. backen.

(nach ca. 15 min. herausnehmen und kontrollieren ob Unterseite leicht gebräunt ist. Ggf. nachbacken. Achtung bräunt auf heissem Blech nach.

Nach dem Erkalten den unteren Teil mit Hägenmark bestreichen (1 mm vom Rand freilassen) Das
mittlere Förmchen aufsetzen und mit einem kleinen Klecks das kleine Förmchen aufsetzen. Die
Terrassen auf dem Blech (zum trocknen) mit Puderzucker bestreuen.

Familienrezepte Christian-Eßlinger-House Heidenheim; aus einer längst vergangen Zeit neu überarbeitet und nachgebacken.

Springerle

Mehl Eier Zucker
3 Tage in warmes Zimmer stellen!!
375-500 gr. Mehl
3 Eier
500 gr. Sandzucker
1 Msp. Salz
1 gestr. Kaffeelöffel Salz
1 – 2 EL Wasser
2-3 EL Kirschwasser

Eier trennen. Eiweiss fest schlagen. Eigelb zugeben und langsam rühren. Zucker und Salz einrühren. Etwa 20-30 min mit der Maschine stark rühren (daß d'r Zuck'r v'rgat)

Etwa 150 gr. Mehl zurühren. Das Hirschhornsalz in einem kleinen Glas mit einem EL kaltem Wasser auflösen und sehr gut verrührer! Zum Teig geben und einrühren. Dann das Kirschwasser dazugeben und einrühren (in diesem Fall ist Schnaps ein Triebmittel)

Das übrige Mehl mitrühren und Teig zusammenkneten. In der Kälte 15 min. ruhen lassen. Dann kleinere Teigstücke 1 ½ cm dick auswellen und in das bemehlte Model drücken. (kleines bemehltes Tuch zum eindrücken ins Model verwenden).

Model vorsichtig ausklopfen umdrehen und mit dem Radel die Bilder ausschneiden..

Backblech mit Butter ausstreichen und mit Anis bestreuen. Die Springerle aufsetzen. In der Wärme mindestens 2-3 Tage ruhen lassen. (daß 's Füßle geit')

Backofen auf 150 grad vorheizen. Bleche auf untere Schiene einschieben. Backzeit ca. 30 – 35 min. !!!Ofen nicht öffnen!!!

Familienrezepte Christian-Eßlinger-House Heidenheim; aus einer längst vergangen Zeit neu überarbeitet und nachgebacken.

Spritzgebackenes

200 gr. Butter
200 gr. Zucker,
1 ½ Kaffelöffel Salz
2 Päckchen Vanille
3 Eier
100 gr. gemahlene Mandeln
400 gr. Mehl
1 KL Backin

Butter, Zucker, Eier, Salz, Vanillezucker schaumig rühren. Die gemahlenen Nüsse langsam einrühren. Langssam Mehl und Backin zugeben, bis ein geschmeidiger Teig entsteht. Den Teig Kühl stellen (ca. 30 Minuten).

Die Backspritze gut mehlen und Teig einfüllen und lange Streifen auf das Backbrett spritzen. Mit dem Messer kleine Stücke abschneiden und zu Ringen formen.

Auf ein Backblech mit Backpapier legen.

Backofen auf 180 Grad vorheizen. Blech auf mittlere Schiene. 15 min Backzeit.

Familienrezepte Christian-Eßlinger-House Heidenheim; aus einer längst vergangen Zeit neu überarbeitet und nachgebacken.

Terrassen

200 gr. Butter (Zimmerwarm)
250 gr. Zucker
4 Eier
500 gr. Mehl
½ Päckchen Backpulver
1 Fläschlein Backöl Rum
1 gestr. Kaffeelöffel Salz
Hägenmark Puderzucker

Butter schaumig rühren, Zucker dazugeben, ganze Eier, Vanillezucker, Salz ca. fünf Minuten rühren – hohe Stufe. Bei kleiner Stufe langsam das Mehl und Backin einrühren. Soviel Mehl einkneten, dass ein weicher Butterteig entsteht. Teig mindestens fünfzehn, bis zwanzig Minuten kalt stellen (Plastiktüte).

In kleinen Mengen den Teig auf bemehltem Brett auswellen. Höhe nach Gusto. ca 1 cm dick.

Mit großem Förmchen aus dem 3-teiliges Kringelförmchen ausstechen (1 Backbleche auf ein mit Backpapier belegte Backblech legen. (Ausstecher genau zählen) das Zweite Blech mit dem kleinen Förmchen in der Mitte ausstechen.

Teigreste vom kleinen Förmchen aus ein Backblech setzen (Oberes Teil für Terrassen)

Backofen auf 180 Grad (Ober- Unterhitze) vorheizen. (Achtung bei Umluft = ca. 160 Grad) Auf mittlerer Schiene ca. 15-20 min. backen.

(nach ca. 15 min. herausnehmen und kontrollieren ob Unterseite leicht gebräunt ist. Ggf. nachbacken. Achtung bräunt auf heissem Blech nach.

Nach dem Erkalten den unteren Teil mit Hägenmark bestreichen (1 mm vom Rand freilassen) Das mittlere Förmchen aufsetzen und mit einem kleinen Klecks das kleine Förmchen aufsetzen. Die Terrassen auf dem Blech (zum trocknen) mit Puderzucker bestreuen.

Familienrezepte Christian-Eßlinger-House Heidenheim; aus einer längst vergangen Zeit neu überarbeitet und nachgebacken.

Vanillekipferl

200 gr. Butter
150 gr. Zucker
1 Backöl Butter-Vanille
100 gr. gemahlene Mandeln
2 Eier
300 gr. Mehl
1 Messerspitze Salz
1 Messerspitze Backin

Die Butter, Zucker, Eier, Backöl schaumig rühren (ca. 5 Minuten). Mandeln langsam einarbeiten, Mehl, Salz, Backin, ebenfalls langsam zugeben und zu einem weichen Teig verkneten. In der Kälte ruhen lassen (ca. 20 min) Kleinere Teimengen entnehmen und kleine Hörnchen formen. Über Nacht im Treppenhaus kalt stellen.

Backblech mit Backpapier auslegen und am anderen Morgen backen.

Backofen auf 200 Grad vorheizen. Blech auf mittlere Schiene. 20 min Backzeit. Bei 15 min anschauen ob fertig. Achtung: Blech bräunt nach:

Noch heiß in Puderzucker wälzen

Familienrezepte Christian-Eßlinger-House Heidenheim; aus einer längst vergangen Zeit neu überarbeitet und nachgebacken.

Weisse Lebkuchen

500 gr. Zucker
60 gr. gemhlene Nüsse
60 gr. gehacktes Zitronat
60gr. Orangeschat
1 stark geh. EL Zimt
½ KL Backin
4 Eier
500 gr. Mehl
2 gestr. EL Lebkuchengewürz

Guss:
200 gr. Puderzucker
2 EL Rosenwasser

Eier, Zucker 10 min. Rühren, Gewürze, Mandel, Zitronat, orangeschat, Lebkuchengewürz dazugeben. Dann das Mehl vorsichtig eingeben. Einen Auswellteig herstellen, wenn nötig noch etwas Mehl zufügen.

Dann 1 cm dick auf Mehl auswellen. Mit dem Lebkuchenmodel ausstechen und auf ein gefettetes Blech mit Mehl bestäubt legen, dicht zusammen setzen . Über Nacht im warmem Zimmer trocknen lassen. Sie sollen „Füß'la" kriegen.

Am nächsten Tag backen.

Backofen auf 170 Grad (Ober- Unterhitze) vorheizen. (Achtung bei Umluft = ca. 150 Grad) Auf unterer Schiene ca. 25 - 25 min. backen.

!! Ofen nicht öffnen!!

Aus Puderzucker , Rosenwasser einen ganz dicken Zuckerguss herstellen und die heißen Lebkuchen bestreichen.

Im Zimmer 1 Tag trocknen lassen.

Familienrezepte Christian-Eßlinger-House Heidenheim; aus einer längst vergangen Zeit neu überarbeitet und nachgebacken.

Zimtsterne

6 Eier
500 gr. Staubzucker
500 gr. Mandeln gemahlen
1 Päckchen Vanillezucker
1 EL gemahlenen Zimt
1 EL Kirschwasser Rosenwasser

Eier trennen. Eiweiss steif schlagen. Puderzucker einarbeiten. Gut verrühren bis Masse glänzt. Eine große Kaffeetasse abnehmen und auf die Seite stellen. (zum bestreichen der Zimtsterne) Danach Zimt einrühren und das kirschwasser. Gut verrühren. Die gemahlenen Mandeln langsam dazugeben. Darauf achten, dass eine kompakte Masse entsteht. Ggf. mit ganz wenig Rosenwasser geschmeidig machen, die später auf dem Backbrett auf SandZucker bestreut, ausgerollt werden kann.

Teig kann sofort verarbeitet werden. ca,. 1-1/5 cm hoch gleichmäßig ausrollen.

Mit dem Zimtsternmodel (Blech mit 4 Seiten) ausstechen und auf ein Backblech mit Backpapier setzen. Die ausgestochenen Sterne mindestens 4

Stunden in der Wärme trocknen lassen. Danach mit dem bereitgestellten Eiweisguss bestreichen.

Die Bleche im warmen Zimmer über Nacht trocknen lassen. Der Guss darf nicht mehr glänzen.

Backofen auf 140 Grad (Ober- Unterhitze) vorheizen. (Achtung bei Umluft = ca. 120 Grad)Auf untere Schiene ca. 25 min. trocknen.

Müssen innen noch weich sein!

Wenn'r dees älls bacha hend,
azehlá- ond vrdoila- an älldiá dia ebbes kriagát.
Abr au selbr essa, gell.

Bisher sind vom Verfasser erschienen

Schönbuch – Waldenbuch
Unser Buch
Fragment
Obstbaumblüte

Hoimet Waldabuach
Gedichte
Eigenverlag

Gedichte und
Erzählungen zom
Gabelfood

Landesliter
aturtage 2017

Em Timo Böckle seim Reussenstein
Schwäbischer Abend
Gedichte und Erzählungen zom Gabelfood
Landesliteraturtage 2017
Böblingen/Sindelfingen

Em Timo Böckle seim Reussenstein
Literarische Soirée
Oktober 2018

Em Timo Böckle seim Reussenstein
Literarische Soirée
April 2019

OINS OMS ANDR: ES-SAYS

Em Timo Böckle seim Reussenstein
Literarische Soirée
Oktober 2019

Herbert Demel

Gnepfleswäschreiâ

Schwäbische Episoden
aus dem Heidenheimer Land
und mit Gedichten von Willi Pfisterer

Verlag BOD – Books on Demand, Norderstedt
ISBN 978-3-7494-1307-d
Preis €16,00 im ortlichen Buchhandel

Episoden aus dem Heidenheimer Land. Ein heiteres
Lesebuch von Herbert Demel. Mit einem Vorwort
von Dr. Wolfgang Wulz, Vorsitzender des Vereines

mund.art, Gedichten von Willi Pfisterer, Geschichten von jungen Wünsch und Beiträgen von H.D.
zu den Landesliteraturtagen 2010 in Heidenheim.
Herbert Demel ist Mitglied in den Vereinen mund.
art und Schwäbischer Dialekt und ,r moint, dass
des heitzutag doch ,a kloine Erinnerung an alde
Gschichtla sei ká.

Schlussrede

und zum Schluss, wie bei allen seinen Reden oder Vorträgen:

und so ende ich wie ich immer ende- in dem ich Euche zurufe:

Wie weiland Mr. Spock vom Raumschiff Enterprise zu sagen pflegte, in einer fernen Galaxie-

Lääbet lange, ond in Frieden, bis m'r oos amol wiedersehn, do- oder sell...

Veröffentlichung
Künstler zu Corona

28. Mai 2020.

Beitrag Herbert Demel Waldenbuch
wir lassen uns nicht entmutigen
älláweil firsche,
ällaweil´!

Und eine Karl Heinz Haaf Karikatur von'em

wiá aus em Läbá.., sait 'r Herr Haaf!

Hauswappen der Demels

Portrait Fotostudio Thomas Ceska Waldenbuch

Mund.art

Der Verfasser ist Mitglied bei der:

und im

Die Zeichnung: Löwenmaul; Rottenburg / Tübingen

Dieses Büchlein ist gefördert
vom Förderverein Schwäbischer Dialekt e.V. Rottenburg / Tübingen.
Dem der Dank des Verfassers gebührt.

Land und Leute
Geschichten
Historisches
Lieder
Kabarett
Gedichte
Theater
Kultur

schwäbische
mund.art

Es haben die Zeitläuften mit sich gebracht, dass wie er sagt, nach so einem erfüllten Leben bei ihm alles anders geworden sei. Nach geradezu progressiven Zeiten der 68ziger, Mutlangen und der Bekanntschaft von Walter Jens, seinen Vorlesungen als Gasthörer Familie, Beruf mit allen Einengungen denen er sich freiwillig unterzogen hat. Wurde Heimat in Waldenbuch. Es stürmten die Jahrzehnte vorbei. Aus dem Minirock Mädle wurde eine Frau an seiner Seite. Söhne wurden groß und gingen ihren Weg. Leben, reisen, bewältigen. Alles was 75 Jahre mit sich bringen. Nun ihre Demenz. Pflegestufe. Betreuung 24 Stunden. Sich selber aufgeben? Noi- niemals. Nachts aufstehen,oft. Danach 2,3 Stunden schreiben. Zusammenführen, zusammenfassen alles- oder wenigstens vieles. Warten. Auf was? In ihm ist so vieles was wabert, vulkanös? Ausbrechen. So viel auf der Pfanne. Einen, zwei Romane schreiben. Heureka. Item, ja so will er es. Pflichten erfüllen. Aber immer vorwärts denken. Pandemie, zornig sein auf Verweigerer. Keine Zeit für schlimmen Grimm. Toleranz im Pietismus ist im ja eingeimpft mit dem Klammerbeutel. Klassische Musik in der Stadtkirche. Gegensatz, seit den Freunden Helmut Schmid und Georg Bahmann: Dixieland! Gegensätze? Und wenn. Geschenke der Jungen: James T. Kirk auf DVD`s. Hinausstürmen ins Unbekannte. Und ewig seine Mundart. Der schwäbische Dialekt. Die Mundart Stammtische.

-Wo älle bloß noch Hochdeutsch schwätzet, selbst bei de Jonge, moint má hier am Scheebuchrand, má sei kurz hentr Hannover-... Ällaweil drbei bleibá, solang, bis gar isch'...